Hans Schermann

„Wer Christus, dem vollkommenen Menschen, folgt“

Hans Schermann

„Wer Christus, dem vollkommenen Menschen, folgt“

Gott – Freund der Menschen

Fromm Verlag

Impressum / Imprint
Bibliografische Information der Deutschen Nationalbibliothek: Die Deutsche Nationalbibliothek verzeichnet diese Publikation in der Deutschen Nationalbibliografie; detaillierte bibliografische Daten sind im Internet über http://dnb.d-nb.de abrufbar.

Bibliographic information published by the Deutsche Nationalbibliothek: The Deutsche Nationalbibliothek lists this publication in the Deutsche Nationalbibliografie; detailed bibliographic data are available in the Internet at http://dnb.d-nb.de.

Verlag / Publisher:
Fromm Verlag
ist ein Imprint der / is a trademark of
OmniScriptum GmbH & Co. KG
Heinrich-Böcking-Str. 6-8, 66121 Saarbrücken, Deutschland / Germany
Email: info@frommverlag.de

Herstellung: siehe letzte Seite /
Printed at: see last page
ISBN: 978-3-8416-0473-6

1. Die Abstiege Gottes

Oder: Der „herabgekommene Gott“

„Gottespassion“!
Johann Baptist Metz und Tiemo Rainer Peters haben vor Jahren (1991) ein Buch über das Ordensleben veröffentlicht mit dem Titel „Gottespassion. Zur Ordensexistenz heute“.
„Gottespassion“, sagt Metz, sei kennzeichnend für die Leute in den Orden, aber auch für jeden Christen.
Das Wort „Gottespassion“ bedeutet für ihn zweierlei: 1. die Leidenschaft für Gott, aber 2. auch – im ursprünglichen Sinne des Wortes – Leiden an Gott.

Zu dieser „Passion“ des Menschen für Gott und an Gott vorgängig aber ist die Passion Gottes: die Leidenschaft Gottes für die Menschen und sein Leiden an den Menschen. Und diese „Gottespassion“ ist der Grund für jegliche christliche Geistigkeit. Von dieser Leidenschaft Gottes haben die Heiligen ein Lied zu singen gewusst (die Heiligen sind diejenigen, die – wenn überhaupt jemand – „Wissenschaft von Gott“ haben).
Franz von Sales und in seiner Nachfolge Alfons von Liguori haben von dieser Leidenschaft Gottes geschrieben und gesprochen; und sie fanden immer neue Worte zu sagen, „was Gott es sich hat kosten lassen, die Menschen zu lieben“ (vgl. das Weihnachtslied des hl. Alfons: „Tu scendi dalle stelle“).

Alfons spricht darüber auch in seinen Betrachtungen über die „Abstiege Gottes“ zu den Menschen. Seine Meditationen kann man folgendermaßen in Worte fassen:

1. Abstieg: Menschwerdung Gottes in Jesus

Ein erster Abstieg Gottes zu den Menschen ereignet sich in der Menschwerdung Gottes in Jesus.

Wenn wir über Gott phantasieren und überlegen, wie er denn sein muss, dieser große, abgründige Gott, kommen wir leicht zu dem Schluss: Gott muss ein selbstzufriedener Gott sein, „absolut“, d.h. unberührt von der Welt und den Menschen, nur mit sich selbst beschäftigt.
Wir, die wir Jesus kennen, glauben und bekennen aber, dass Gott in Jesus war; dass in Jesus Gott Mensch war, „in allem uns gleich, außer der Sünde“. In Jesus hat Gott sein göttliches Aussehen abgelegt und ein menschliches Gesicht angenommen. Gott hat sich das Leben eines Menschen „angetan“.
Und wenn wir fragen: Warum hat er sich das angetan? Was hat ihn dazu bewogen? – dann lautet seine Antwort: „meine Liebe und Leidenschaft für die Menschen hat mich dazu bewogen“. „Meine Freude ist es, bei den Menschen zu sein“ (Sprüche 8,31). – Der Gott, den wir aus den Heiligen Schriften kennen, ist ein Gott, der sich auf die Menschen einlässt und mit ihnen geht: ein Partner der Menschen ist (vgl. „Bund“).
Die Heiligen singen und sagen: Die Leidenschaft hat Gott überwältigt und hat ihn außer sich gebracht!

Was folgt für unser Denken und Tun daraus? Was tritt hier zutage?

- Die Größe des Menschen: Was muss der Mensch für eine Würde haben, wenn Gott der Menschen wegen außer sich gerät?
- Die „Benommenheit“ Gottes: Was ist das für ein Gott, der so an den Menschen hängt?

2. Abstieg: ins Leid und in die Nacht des Todes

Der zweiter Abstieg Gottes zu den Menschen ist noch unvorstellbarer und erschreckender als der erste: der Abstieg Gottes ins Leid und in die Nacht des Todes.

Wenn wir über Gott nachdenken und philosophieren, wie er denn sein muss, dieser Gott, wenn er als Mensch unter den Menschen lebt, dann meinen wir selbstverständlich, dass er strahlend, glücklich, erfolgreich sein muss; das gehört sich so!
Aber der Gott, den wir durch Jesus kennen, war ganz anders. Er war ein „Herr im Elend“
Wir sind es gewohnt, die Evangelien als „Erfolgsberichte“ Jesu zu lesen; die Verurteilung und Hinrichtung Jesu kommen überraschend, gleichsam wie ein Missverständnis. Aber so ist das Leben Jesu nicht verlaufen. Es war vor allem der Apostel Johannes, der in seinem Buch über Jesus diese Seite herausstellt – Johannes, der seinen Herrn und Freund in den höchsten Tönen lobt! Er schreibt, dass Jesus gehetzt war, verfolgt, dass er fliehen, sich verstecken musste; und dass er oft mit einem Fuß im Grab war.
Und dann der Tod Jesu: In der Verurteilung und Folter hat Jesus sein menschliches Gesicht verloren. Die Gottesknechtslieder des Deutero-

Jesaja haben von diesem Menschen gesprochen: dem „hässlichen" Menschen Jesus. Ecce homo – ein Mensch nicht zum Anschauen!

Und wenn wir wieder fragen: Warum? Was hat dich, Jesus, dazu gebracht? – dann lautet die Antwort: Meine Leidenschaft für die Menschen ist es; ich will bei ihnen sein auch in den Abgründen und Nächten! – Und so ist Jesus der „letzte" Mensch geworden! So etwas tut nur Liebe!

Im Leid und im Tod Jesu ist Gott den Menschen ganz nahe, den Menschen in ihrem Leid wie „aus dem Gesicht geschnitten" (E. Zeller). Der leidende Christus Jesus steht für die Würde des leidenden Menschen.
Das Ecce homo ist aber auch das Ecce Deus: ein Mensch nicht zum Anschauen, ein Gott nicht zum Anschauen! Gott hat das Gesicht verloren!
Der Todesschrei Jesu am Kreuz: das letzte „Wort", das Gott uns zu sagen hat! – Nikolaus von Kues sagte: Die Stimme Gottes an die Menschen ist im Laufe der Jahrhunderte immer lauter und stärker geworden; und hat den Höhepunkt erreicht im Todesschrei Jesu.
Wenn man gewagte Ausdrücke nicht scheut, kann man sagen: im Kreuz hat Gottes Leidenschaft für die Menschen ihre Extase erlebt.

3. Abstieg: in die Materialität der Sakramente

Aber da ist, so sagen die Heiligen, ein dritter Abstieg Gottes zu den Menschen, noch unerhörter, noch unerwarteter: Es ist der Abstieg Gottes in die Materie der Sakramente.

Wenn wir denken und phantasieren, wie Gott denn sei, und was er tun werde, nach allem, was die Menschen ihm in Jesus angetan haben, scheint uns nur eines möglich: dass er weggeht und den Menschen den Rücken kehrt!
Aber Jesus ist nicht weggegangen, er „verewigt" seine Anwesenheit bei den Menschen: in den Sakramenten. – nehmen wir nur die Eucharistie:
Im Brot und im Wein der Eucharistie geht noch mehr von der göttlichen Erscheinung verloren. Er ist hier ein „verborgener Gott" (Thomas v. A.). Aber auch seine strahlende Menschheit ist verhüllt. „Tiefer konntest du nicht steigen, mehr konntest du nicht tun!" (Alfons). Die Eucharistie ist der „Gipfel" der Entäußerung, der „Verstiegenheit Gottes".

Und wenn wir fragen: Warum, Jesus, hast du das getan? Was hat dich dazu bewogen, in diese äußerste Fremde zu gehen? – dann lautet einmal mehr die Antwort: Meine Liebe und Leidenschaft für euch! Liebe leidet keine Trennung! „Meine Freude ist es, bei den Menschen zu sein" (vgl. 1 Kor 10: der Fels, der mit der Kirche wandert).

Was folgt für uns daraus? Welche „Offenbarung" tritt hier zutage?
Für unser Denken über Gott folgt, dass wir unser Bild von ihm und unsere Vorstellung über seine Beziehung zu den Menschen neu formulieren müssen. Brot und Wein sind „Lebensmittel"; sie sagen: Hier ist ein Gott, der im Dienste des Lebens der Menschen steht, restlos, und in diesem Dienst ganz aufgeht.
Für unser Denken über den Menschen folgt, dass wir auch den Menschen neu sehen müssen: wir können nur staunen und uns wundern, was Gott sich der Menschen wegen angetan hat; und was es also um die

Würde des Menschen sein muss! Die „Rollen“ von Gott und den Menschen scheinen vertauscht! Der Mensch oben, Gott in Jesus unten!

All diese Abstiege und Abstürze verdanken sich der Leidenschaft Gottes, seiner Liebe, somit dem Hl. Geist.
Blaise Pascal hat in einem Brief geschrieben: „Für gewöhnlich verbirgt er (Gott) sich, und nur selten enthüllt er sich. Er blieb verborgen untern den Schleiern der Natur bis zur Menschwerdung, und als er erscheinen musste, hat er sich tiefer verborgen, als er sich in die Menschheit hüllte. Er war viel leichter erkennbar, als er unsichtbar war, als jetzt, da er sich sichtbar gemacht hat.“ Schließlich verbarg er sich gar unter „das befremdendste und dunkelste Geheimnis, die Gestalten der Eucharistie …, des letzten Geheimnisses, in dem er sein kann“.

Was bleibt uns zu tun?
Es bleibt uns zu staunen und uns zu wundern und den Kopf darüber zu schütteln, dass Gottes Leidenschaft für uns so maßlos ist. Es bleibt uns auch, uns dankbar gefallen zu lassen, dass Gott uns so in Ehren hat; und dies zu „genießen".
Und müssen wir nicht auch ein Echo werden, eine Antwort auf das leidenschaftliche Suchen Gottes nach uns, nach mir?

Christsein heißt: ergriffen und erschrocken sein von den schwindelerregenden Abstiegen und Abstürzen Gottes, und vor der Leidenschaft Got-

tes, die dahintersteht. Und uns glücklich schätzen, dass die „Passion“, die Leidenschaft Gottes für die Menschen so groß ist.
Und beten müssen wir, dass wir sie zu ertragen vermögen.

2. „Herr, wir wissen nicht, wohin du gehst“ (Joh 14,5)

Auf dem Weg mit Jesus

„Von da an gingen viele seiner Jünger weg – zurück – und gingen nicht mehr den Weg mit ihm. Da sprach Jesus zu den Zwölfen: Wollt auch ihr davongehen? Da antwortete ihm Simon Petrus: Herr, zu wem sollten wir gehen? Worte unendlichen Lebens hast du.“
(Joh 6,66-68).

Die Freunde sind Jesus auf weite Strecken seines Weges gefolgt. Auch wir tun dies gerne – streckenweise ist dies ja kein Problem! Aber es gibt auf dem Weg Jesu auch Strecken, wo wir keine besondere Lust haben, mit ihm zu gehen. Wege, wo wir sagen: Da geh ich nicht mit! Jesus, da komme ich nicht mehr mit!

Im Leben Jesu hat es recht unterschiedliche Ereignisse gegeben. Bei den einen waren seine Freunde gerne dabei, z.B. auf der Hochzeit zu Kana, bei seinem triumphalen Einzug in Jerusalem. Aber dann gab es anderes, wo das Gehen mit Jesus einigermaßen problematisch, ja gefährlich war.
Thomas, der bei uns der „ungläubige“ heißt, hat das bei zwei Gelegenheiten zur Sprache gebracht. Das eine Mal, als Jesus nach Bethanien gehen wollte zum Grab seines Freundes Lazarus: „So lasst uns gehen, mit ihm zu sterben“ (Joh 11,16). Und wenig später, als er Abschied nahm, sagt Jesus: „Wo ich hingehe – ihr wisst den Weg“ Und Thomas:

„Herr, wir wissen nicht, wohin du gehst – wie könnten wir den Weg wissen." (Joh 14,4f).- Thomas hat es gewusst oder geahnt: einige der Wege, die Jesus geht, sind nicht jedem zumutbar, andere sind schlicht lebensgefährlich.
Gerne werden seine Freunde bei Jesus gewesen sein auf der Hochzeit zu Kana, als der Brot vermehrte, als er Kranke heilte; und auf dem Berg Tabor, als er gestrahlt hat; und bei seinem Einzug in Jerusalem, als man ihm das „hosanna" entgegen sang.
Aber da waren andere Wegstrecken, die sie nur zögernd gegangen sind, „mit Todesverachtung"; oder wo sie ihn überhaupt allein gehen lassen wollten. Es wird uns berichtet, dass er entschlossen war, „nach Jerusalem" zu gehen: „Als sich die Tage seiner Hinaufnahme erfüllten, hielt er das Angesicht fest auf den Weg nach Jerusalem gerichtet" (Lk 9,51). Davor „schauderte" sie. Auch bei den Auseinandersetzungen in Kafarnaum gingen sie mit ihm (Joh 6). Und als er sich versteckte; und als er dann gefangen genommen wurde: „da verließen ihn alle Jünger und flohen" (Mt 26,56). Und den Weg zu seiner Hinrichtung gingen sie auch nicht mit ihm.
Seine Freunde werden Jesus bisweilen – laut oder leise – gefragt haben, wo er denn hin will. Und werden ihm wie Petrus ins Gewissen geredet haben: das kannst du doch nicht machen, das geht doch nicht, das ist ja heller Wahnsinn! Und Judas wird sich gesagt haben: ein solcher Narr gehört beseitigt! Und auch Jesus wird wohl mehr als einmal gesagt haben: „Wollt auch ihr gehen?"
Mit Jesus gehen ist riskant.

Im Laufe der Jahrhunderte sind viele Menschen mit Jesus gegangen, sind ihm „gefolgt". Viele sind mit ihm alle Wegstrecken gegangen; viele sind mit ihm gegangen, „um mit ihm zu sterben“. So die Märtyrer in der Vergangenheit und heute: die römischen, afrikanischen, japanischen, vietnamesischen, koreanischen. Das waren und sind die ganz Treuen. Viele andere, denen diese letzte Wegstrecke erspart blieb, haben die Demut und die Ohnmacht ihres Herrn mitgelebt.

Aber im Laufe der Jahrhundert hat sich für die Nachfolger Jesu auch die Frage ergeben, ob sie mit ihm alle Wegstrecken gehen sollen; oder ob es hier und dort nicht gut oder gar notwendig ist zu sagen: Da gehen wir nicht mit! Da machen wir einen kleinen Umweg. Wir sehen uns später!
Ein solcher Punkt, wo sich die Wege Jesu und vieler seiner Nachfolger trennen, ist die Frage der Macht. Jesus war in seinem Leben meist ohnmächtig und hilflos – er hat auf die zwölf Legionen Engel verzichtet, die ihm der Vater angeboten hatte (vgl. Mt 26,53). Die Folge war, dass er dem Willen der Mächtigen schutzlos ausgeliefert war. Er musste wiederholt fliehen und konnte sich nur heimlich in der Nacht bewegen. Und weil er keine Macht hatte, konnte man ihn in Ketten legen, abführen, und dann festnageln.
Eine Versuchung der Christen in allen Jahrhunderten war und ist, diese Ohnmacht und Hilflosigkeit Jesu nicht zu akzeptieren. Ist uns nicht verheißen, dass „Gott uns einen starken Retter erweckt“? Und einen solchen brauchen wir! Wir brauchen einen starken, strahlenden Christus! Armselige und Ohnmächtige haben wir genug in der Welt! Und deswegen haben Christen oft versucht, der Ohnmacht Jesu ein wenig abzuhelfen: sie haben ihre Macht spielen lassen. Und solche Christen gibt es auch heute. – Aber sie alle gehen eine entscheidende Wegstrecke nicht mit Jesus! Sie meinen immer noch, der Messias müsse in den Palästen

von Jerusalem wohnen – den Weg nach Bethlehem finden sie nicht! Man kommt nur unter der Führung eines Sternes dorthin.

Wie geht es uns heute mit Jesus? Wo sind wir voll mit ihm einverstanden, und gehen gerne mit ihm? Wo sagen wir: Was fällt dir denn ein? Wo kommen wir denn dahin? Da gehen wir nicht mit!!
Natürlich: im Grunde hat Jesus unsere Zustimmung, sonst würden wir ja gar nicht von ihm reden und keine Zeit für ihn verlieren. Aber da ist doch einiges, das uns vor den Kopf stößt; es scheint fast unmöglich, dass auch dies zu ihm gehört. Wir sagen mit Petrus: das kann doch nicht sein! Was wir an Jesus nicht verstehen, ist, dass er so wenig unseren Vorstellungen entspricht, die wir uns vom Retter der Menschen machen. Er war und ist so schwach und unscheinbar. Er scheint keinen Einfluss auf die Weltregierung heute zu haben. Wenn er ihn hätte, müsste die Welt ganz anders aussehen, denken wir!
Da sind noch so viele unabgegoltene Zusagen. Unsere Welt ist weit davon entfernt, das Reich Gottes zu sein, wo Friede und Gerechtigkeit herrschen. Und wir fragen wie der Täufer Johannes: „Bist du der, der kommen soll, oder müssen wir auf einen anderen warten?“ (Mt 11,3).

Was wir auch nicht gern zur Kenntnis nehmen, ist der kantige Jesus. Wir lieben heute das „Mystische“, Geheimnisvolle, Grenzenlose – und dieser Jesus ist so schlicht und banal Mensch, mit einem Gesicht, mit einer unverwechselbaren Geschichte, eine Person mit klaren Konturen. Kann dieser Mensch etwas mit Gott zu tun haben? Und dann hat dieser Jesus klare Vorstellungen, was für uns Menschen gut und richtig ist; und diese Vorstellungen entsprechen weitgehend nicht unserem Lebensgefühl. Das fängt schon an bei den „Seligpreisungen“ Jesu. Unsere Formulierung von „Seligpreisungen“ lautet ganz anders als die seine. Wir sagen: „Selig, die reich sind“ – „Selig, die Macht haben und sie einsetzen können“ – „Selig, die lachen können“. Was Jesus auf dem Berg gesagt hat, gefällt uns nicht und ruft unseren Widerspruch hervor. Folgen wir ihm trotzdem auf den Berg *seiner* Seligpreisungen, oder gehen wir eigene Wege?

Und dann überhaupt grundsätzlich: Kann es wirklich sein, dass dieser Jesus einen so weiten Weg hinter sich hat? Er sagt, dass er von Gott kommt, und einen besonderen Auftrag von Gott für uns Menschen hat! Ist denn das die Möglichkeit? Hat Gott nicht anderes zu tun als sich um den Haufen Menschen zu kümmern? Und wenn schon! Aber die Art und Weise, wie er das alles in Jesus getan hat, ist gegen alle Vernunft, ist heller Wahnsinn. – Haben wir den Mut, mit Jesus zum Vater zu gehen? Es ist ein langer Weg!

„Mit Jesus auf dem Weg“. Wir haben viele Fragen und Zweifel: Können wir mit ihm gehen? Sollen wir es?
Aber wir können nicht warten, bis alle unsere Fragen beantwortet und unsere Zweifel behoben sind, wir haben keine Zeit dazu. Haben Petrus und Andreas, Johannes und Jakobus zuerst alle Fragen geklärt und sind dann erst mit Jesus gegangen? – Es ist gut zu wissen, dass Jesus auch mit Fragern und Zweiflern als Weggefährten zufrieden ist – er ist seinerzeit mit zwei Männern nach Emmaus gegangen, die bereits alle Hoffnung verloren hatten!

Herr Jesus, es ist schön, mit dir zu gehen! Ich weiß natürlich nicht, ob wir die Kraft und den Mut haben, überallhin mit dir zu gehen. Aber da bist ja auch du noch da! Wenn ich nicht mehr kann, nimm du mich einfach mit!

3. „Du, Herr, willst mir die Füße waschen?"

Meditation zu Joh. 13,1-15

Die „Fußwaschung" ist die letzte Geste, die Jesus in Freiheit gesetzt hat. Sie ist sein „Vermächtnis", sein „letztes Wort". Und daher von besonderer Bedeutung.
Diese Geste lässt Jesu Vergangenheit lebendig werden, und kündet seine Zukunft an. Sie sagt vieles über Jesus; und vieles über seinen Gott, der dahintersteht und den Jesus verkörpert.

Die Fußwaschung legt Jesu Absichten offen

Mit dieser Geste will Jesus zeigen, was ihn Zeit seines Lebens bewegt hat: Er wollte den Menschen dienen! Mit seinen Reden, mit seinen Heilungen, durch seine Verbrüderung mit den Ausgestoßenen und Verkommenen; und auch noch durch seine Streitreden mit den Mächtigen und den Gelehrten. Dienen wollte er!
Grundsätzlich hat er sich als „Gottesknecht" verstanden, als Knecht im Dienste der Menschen: er hat bei Gott Großes für die Menschen geleistet. Für die Menschen und um ihres Glückes willen hat er gelebt und ist er gestorben.
Die Fußwaschung zeigt auch die „Geisteshaltung", in der Jesus gelebt hat: „Nicht um bedient zu werden, sondern um zu dienen" ist er gekommen (Mt 20,20-28, Mk 10,35-45). Das Dienen war für ihn charakteristisch.

Die Fußwaschung wirft auch Licht auf seinen Tod. Wir müssen sein Sterben als unfassbare „Dienstleistung“ verstehen. Jesus hat die Nacht des Leidens und des Todes mit den Menschen geteilt. Er hat diese Nacht erhellt durch seine Anwesenheit in ihr.

In der Fußwaschung tritt Gott zutage

„Gott war in Christus“ (vgl. 2 Kor 5,19) – als dieser am Kreuze starb; und auch als er seinen Freunden die Füße wusch. Gott auf den Knien vor den Menschen! Verkehrte Welt: der Mensch oben, Gott unten! Ein unglaubliches „Bild“ von Gott.
Christine Lavant hat geschrieben: „Ich weiß nicht, ob der Himmel niederkniet, wenn man zu schwach ist, um hinaufzukommen“. Der Himmel hat sich vor den Menschen niedergekniet. Und kniet noch immer.

In der Fußwaschung tritt der Mensch in Erscheinung

Gott kniet in Jesus vor dem Menschen und schaut zu ihm hinauf. „Als ob der Mensch Gottes Gott wäre“, wird Alfons von Liguori schreiben.
Seit Jesus gelebt hat, kann es keinen Zweifel mehr geben über die Würde und die Größe des Menschen. Gerade die Fußwaschung bringt klar zum Ausdruck, dass der Mensch in den Augen Gottes groß ist; so groß, dass Gott vor ihm kniet. Es gibt keinen Menschen, auf den Gott hinabschaut, er schaut zu allen hinauf. Auch zu mir.

Die Fußwaschung zeigt Sinn und Bedeutung der Sakramente

Alles, was an Jesus sichtbar war, ist in die Sakramente eingegangen. Sie nehmen teil am Dienen Jesu, wie die Fußwaschung sie zeigt, und machen es heute gegenwärtig. Die Sakramente sind „Dienstleistungen". – Johannes hat in seinem Evangelium anstelle des Berichtes über die Einsetzung der Eucharistie den über die Fußwaschung! Jesus ist „Brot" für die Menschen, und „Wein" für seine Freuden.
Das Wort „Gottesdienst" müssen wir daher auch richtig verstehen: es bezeichnet nicht sosehr den Dienst, den wir Gott leisten, sondern den Dienst, den Gott uns Menschen leistet. So verstehen die Christen der Ostkirchen ihre Liturgie.

In der Fußwaschung leuchtet die Zukunft auf

Christus ist derselbe gestern und heute, und durch die Ewigkeiten (vgl. Heb 13,8). – Auch im Haus seines Vaters will Jesus der Menschen Diener sein. Obwohl er der Sohn ist und damit Herr im Haus, nimmt er die Aufgaben des Dieners wahr: „Er (der Herr) wird sich gürten, sie am Tisch Platz nehmen lassen und sie der Reihe nach bedienen" – so hat Jesus einmal in einer Geschichte erzählt (vgl. Lk 12,37). Damit hat er von sich selber gesprochen.

Folgerungen für uns

Auch wir müssen das Dienen lernen – Jesus legt das seinen Jüngern und uns sehr ans Herz (vgl. gerade Joh 13,15: „Ein Beispiel habe ich euch gegeben, damit auch ihr tut, wie ich an euch getan habe").

Aber viel grundlegender noch ist, dass wir den Dienst Jesu zur Kenntnis nehmen; darüber staunen, den Kopf schütteln, bis auf den Grund der Seele erschauern. Und Worte und Gesten finden, die unseren Dank an unseren „Diener" ausdrücken.
Und hinter Jesus Gott sehen, und uns mit diesem Gott anfreunden, der sich so vergisst.

Wir beten: Herr Jesus, du hast deinen Freunden die Füße gewaschen. Petrus hat dagegen protestiert; aber es ist ihm nichts übrig geblieben, du hast ihn überredet. – Auch vor mir kniest du und schaust zu mir herauf. Und hörst nicht auf, mich zu bedienen. Ich bin geneigt zu sagen: hast du denn den Verstand verloren? Aber du antwortest mir nur: „Das verstehst du jetzt noch nicht!". Werd ich es je verstehen? Ich glaube, du wirst es noch so weit bringen.

Ein Gebet des Origenes

Komm, Herr Jesus,
und sieh den Staub auf meinen Füßen;
werde du mir zum Diener
und Fülle deine Schüssel mit Wasser.
Komm und wasche mir die Füße.
Ich weiß, wie vermessen es ist, was ich sage,
aber ich fürchte dein Wort:
„Wenn ich dir nicht die Füße wasche,
hast du keine Gemeinschaft mit mir".
Wasche mir also die Füße,

damit ich Gemeinschaft mit dir habe.

(Zitiert von Eugen Biser, Der Freund, S.90)

4. Jesus, der Diener

„Damals kam die Frau des Zebedäus mit ihren Söhnen zu Jesus und fiel vor ihm nieder, weil sie ihn um etwas bitten wollte. Er fragte sie: Was willst du? Sie antwortete: Versprich, dass meine beiden Söhne in deinem Reich rechts und links neben dir sitzen dürfen. Jesus erwiderte: Ihr wisst nicht, um was ihr bittet. Könnt ihr den Kelch trinken, den ich trinken werde? Sie sagten zu ihm: Wir können es. Da antwortete er ihnen: Ihr werdet meinen Kelch trinken; doch den Platz zu meiner Rechten und zu meiner Linken habe nicht ich zu vergeben; dort werden die sitzen, für die mein Vater diese Plätze bestimmt hat. Als die zehn anderen Jünger das hörten, wurden sie sehr ärgerlich über die beiden Brüder. Da rief Jesus sie zu sich und sagte: Ihr wisst, dass die Herrscher ihre Völker unterdrücken und die Mächtigen ihre Macht über die Menschen missbrauchen. Bei euch soll es nicht so sein, sondern wer bei euch groß sein will, der soll euer Diener sein, und wer bei euch der Erste sein will, soll euer Sklave sein. Denn auch der Menschensohn ist nicht gekommen, um sich dienen zu lassen, sondern um zu dienen und sein Leben hinzugeben als Lösegeld für viele.“
(Mt 20,20-28).

1. Ich bin gekommen, um zu dienen

Gottesdienst feiern bedeutet neben vielem anderen auch: bei Jesus in die Schule gehen, ihn kennen lernen und von ihm lernen.
Als Reaktion auf die Ämterspekulation der Zebedäussöhne (Mt 20,20-28; Mk 10,35-45) spricht Jesus sein Selbstverständnis aus: er sei Diener. Er

sei nicht gekommen, sich bedienen zu lassen, sondern um zu dienen; er sei nicht Herr, sondern Knecht.
Jesus war sicher eine Autorität: seine Freunde haben ihn „Herr“ genannt, und er hat das angenommen. Aber er hat seine Macht und Autorität nicht ausgespielt. Er hat seinen Zuhörern die Freiheit gelassen, sich für ihn oder gegen ihn zu entscheiden. Selbst seinen Freunden hat er die Frage gestellt: „Wollt auch ihr gehen?“ (Joh 6,67). – Er ist nicht hoch zu Ross in Jerusalem eingeritten, sondern auf einem Esel. Beim Abschiedsmahl hat er sich vor seinen Freunden hingekniet und hat ihnen die Füße gewaschen. – Und er hat viel Schreckliches mit sich geschehen lassen.
Eine Art zu leben und zu sterben, die unsere Verwunderung erregt, vielleicht auch unseren Widerspruch.

Jesus will auch uns für diese Lebensweise gewinnen: in unserer grundsätzlichen Lebenseinstellung, in der Ausübung unserer Macht und Autorität. – Es fällt uns nicht immer leicht einzusehen, dass dies die richtige Handlungsweise sei: im Dienste leben und den Mitmenschen zur Verfügung sein. Aber Jesus sieht es so! Wiederholt spricht er davon! Und in seinen „Seligpreisungen“ sagt er: „Selig, die keine Gewalt anwenden“ (Mt 6,5).

Wie Jesus Christus gestern war, so ist er auch heute: eher ohnmächtig als mächtig. Auf einem Esel nur reitet er durch die Geschichte!
Wir hätten ihn oft lieber anders: groß und stark! Ich mache ihm öfters Vorwürfe, dass er nicht so ist; dass er bis heute auf die zwölf Legionen Engel verzichtet, die er von seinem Vater bekommen könnte (vgl. Mt 26,53) – wie notwendig würde er / würden wir sie brauchen! Aber so ist er! Wir werden uns mit diesem Jesus anfreunden müssen, wenn wir sei-

ne Nachfolger sein wollen. Die Kirche und wir Christen werden uns zu ihm und seiner Art bekehren müssen!
Hoffentlich haben wir den Mut und die Kraft dazu!

2. Ein Beispiel habe ich euch gegeben

Jesus will uns dafür gewinnen, dass wir nach seinem Vorgang Mitmenschen zu Diensten sind und ihnen leben helfen, und sie nicht beherrschen und um ihr Leben bringen.
Den Mitmenschen dienen – das ist allerdings keine Selbstverständlichkeit und auch keine leichte Sache. – Zuvor aber eine Klarstellung: was mit dienen nicht gemeint ist. Nicht gemeint ist, sich klein machen; oder vor jedem buckeln; oder jedem recht geben. Im Geiste Jesu dienen meint: mit der ganzen Autorität und Größe, die ich habe, den Mitmenschen helfen: mit meinem Wissen, meiner Zeit, meinem Geld, meinem Einfluss. Ich werde meinen Mitmenschen auch nicht immer ein Lächeln entgegenbringen dürfen; ihn vor den Kopf stoßen kann manchmal auch ein Dienst sein!

Aber klar ist, dass uns das Dienen einiges ab verlangt. Es ist meist bequemer und naheliegender, den oder jenen unter Druck zu setzen und sich an seiner Kleinheit und Hilflosigkeit zu ergötzen, oder ihn auszunützen und auszubeuten. Aber dem tritt Jesus entgegen: „So nicht! Sondern hilf ihm leben!“
Wie gut das den Menschen neben mir tut, liegt auf der Hand. Anstelle von vielen Beispielen eine Geschichte von Bert Brecht: „Der Städtebauer“:

„Als sie nun die Stadt gebaut hatten, kamen sie zusammen und führten einander vor ihre Häuser und zeigten einander die Werke ihrer Hände. – Und der Freundliche ging mit ihnen, von Haus zu Haus, den ganzen Tag über, und lobte sie alle.
Aber er selber sprach nicht vom Werk seiner Hände und zeigte keinem ein Haus. – Und es ging gegen Abend, da, auf dem Marktplatz trafen sie sich wieder alle, und auf einem erhöhten Brettergerüst trat jeder hervor und erstatte Bericht über die Art und Größe seines Hauses und die Baudauer, damit man ausfinden konnte, welcher von ihnen das größte Haus gebaut hatte oder das schönste, und in wieviel Zeit. – Und nach seiner Stelle im Alphabet wurde auch der Freundlich aufgerufen. – Er erschien unten, vor dem Podium, und einen großen Türstock schleppend. – Er erstattete seinen Bericht. – Dies hier, der Türstock, war, was er von seinem Haus gebaut hatte. – Es entstand ein Schweigen. – Dann stand der Versammlungsleiter auf. „ich bin erstaunt", sagte er, und ein Gelächter wollte sich erheben. Aber der Versammlungsleiter fuhr fort: „Ich bin erstaunt, dass erst jetzt die Rede darauf kommt. Dieser da war während der ganzen Zeit des Bauens überall, über dem ganzen Grunde und half überall mit. Für das Haus dort baute er den Giebel, dort setzte er ein Fenster ein, ich nicht mehr, welches, für das Haus gegenüber zeichnete er den Grundplan. Kein Wunder weiter, dass er hier mit einem Türstock erscheint, der übrigens schön ist, dass er aber selber kein Haus besitzt. In Anbetracht der vielen Zeit, die er für den bau unserer Häuser aufgewendet hat, ist der Bau dies schönen Türstocks ein wahres Wunderwerk, und so schlage ich vor, den Preis für gutes Bauen ihm zuzuteilen."

Diese Geschichte atmet den Geist Jesu.

Sein Geist möge auch unser Handeln und unser Leben insgesamt bestimmen.

5. Jesus, der „Ja“ und „Amen“

Der 2. Korintherbrief berichtet, dass es zwischen Paulus und den Christen in Korinth heftige Auseinandersetzungen und Konflikte gegeben hat. Einer der Vorwürfe der Korinther gegen Paulus war, dass auf ihn kein Verlass sei: das eine Mal sagt er, dass er komme, und dann dass er nicht komme (2 Kor 1,15-24).

Paulus rechtfertigt sich; und macht mitten im Streit große theologische Aussagen. Er sagt den Leuten in Korinth: Wir haben euch Christus verkündigt; und dieser Christus, dessen Apostel wir sind, ist nicht ja und nein zugleich – in ihm ist das Ja verwirklicht. Und deswegen ist auch in unserer Rede ja nicht gleich nein. Und er erklärt ihnen dann die Gründe, warum er nicht gekommen sei.

Jesus der „Ja“

„In ihm (Jesus) ist das Ja verwirklicht. Er ist das Ja zu allem, was Gott verheißen hat“ (2 Kor 1,19f.)..

Das ist eine grundlegende Aussage über Gott und sein Verhältnis zur Welt und zu den Menschen; und eine grundlegende Aussage über Jesus.

Eine Aussage über Gott: er sagt ja zur Welt und zu den Menschen und ihrer Geschichte; von seiner Seite gibt es keine Ablehnung oder Verachtung der Schöpfung. Eine Aussage über Jesus: er ist das laute und helle Ja Gottes zu allem, was existiert.

Das Ja Gottes.

Gott hat ja gesagt zur Schöpfung. An jedem Schöpfungstag sah er auf das Werk des Tages und sah, dass es gut war.
Gott hat ja gesagt zu den Menschen und mit ihnen Bündnisse geschlossen: mit Noe, mit Abraham, mit Mose. Bund bedeutet Partnerschaft: „Ich steh zu dir, ich geh mit dir!"
Gott hat ja gesagt zum Volk Israel und ihm eine Berufung gegeben für alle Menschen. Er hat ihm seinen Namen kundgegeben: „Jahwe" – „ich bin da". Er hat sich nicht aus einer Berechnung an Israel gebunden; die Unberechenbarkeit der Liebe hat ihn dazu geführt. – Gott hat dieses Ja in der Geschichte Israels durchgehalten, trotz Abfall und Irrwegen dieses Volkes; er hat es bis heute nicht zurückgenommen. Israel hat dies zu schätzen gewusst; es hat in immer neuen Liedern davon gesungen und sich bei Gott dafür bedankt.

Das Ja Gottes hat an einer Stelle der Geschichte einen einzigartigen Vollklang und eine bis dahin nicht gekannte Herzlichkeit erreicht: in Jesus! Er ist das verkörperte, leibhaftige Ja Gottes zu den Menschen.
In Jesus hat Gott den Menschen seinen Sohn geschenkt, alles, was er zu geben hatte: „Sosehr hat Gott die Welt geliebt, dass er seinen Sohn für sie hingab" (vgl. Joh 3,16). In Jesus ist Gott auf die Seite der Menschen getreten. Er ist der Immanuel, der Gott mit uns; nicht gegen uns.

Jesus ist das Ja durch seine Menschwerdung. In Jesus ist Gott in die Geschichte eingetreten. Das hätte er nicht getan, wenn er die Menschen und die Schöpfung ablehnen würde. Er ist das Ja der Liebe; er ist mit Leib und Leben eine Liebeserklärung Gottes an die Menschen.
Jesus ist das Ja durch seine Mühe um die Menschen, besonders die Armen, Gedemüdigten und Beleidigten: er hat die Aussätzigen geheilt, er

hat sich vor die Ehebrecherin gestellt, er hat dem mit ihm gekreuzigten Verbrecher den Himmel zugesagt.
Jesus ist das Ja durch sein Standhalten, als er abgelehnt wurde. Als er immer mehr in Konflikt geriet mit den Autoritäten und Mächtigen seines Landes, hat er sich nicht zurückgezogen und ein „Nein“ gelebt. Er hat selbst für seine Kreuziger gebetet. Er ist der unentwegte „Ja“.
In seiner Auferstehung hat Jesus noch einmal und endgültig sein Ja verwirklicht. Nach all den Verurteilungen und Folterungen, die er erlitten hat, sagt er nicht „nein, es ist genug“. Er geht erneut zu den Menschen und sagt „schalom“! Er schenkt ihnen seine Gegenwart. Er ist durch und durch das Ja!
Er ist das Ja durch die Sendung des Geistes: er teilt seine göttliche Herrlichkeit und seine Würde den Menschen mit: „Er hat sich nicht geschämt, sie Brüder zu nennen“ (Heb 2,11), d.h. sie zu solchen zu machen.
Jesus ist das Ja durch sein Bleiben bei den Menschen, besonders in den Zeichen der Sakramente. „Ich bin bei euch bis ans Ende der Welt“ (Mt 28,20). Er lässt uns sagen: „Meine Freude ist es, bei den Menschen zu sein“ (vgl. Spr. 8,31). Wenn es nicht so wäre, hätte er sich längst in seine Welt abgesetzt; und hätte sich nicht die Mühe angetan, in den Sakramenten und auf vielfältige Weise bei uns zu bleiben.

„In ihm ist das Ja verwirklicht“, das Ja Gottes zu den Menschen und ihre Welt. Es ist ein leidenschaftliches Ja, das aus der Unvernunft Gottes kommt; und es ist unwiderruflich.

„Ja“: ein schöner Titel, den Paulus seinem angebeteten Herrn gibt; voller Verheißungen, mit unabsehbaren Folgen für uns.

Jesus der „Amen“

Einen ähnlichen Titel hat der Verfasser der Offenbarung des Johannes an Jesus vergeben. – Die Apokalypse enthält in den Kapiteln 2 und 3 sieben „Sendschreiben“ an die damals bedeutendsten christlichen Gemeinden in Kleinasien. Sie beginnen immer mit der Rede einer Persönlichkeit, die sich einen Namen oder Titel gibt. Der Sprechende ist Jesus selber. – Das letzte der sieben Rundschreiben ist an die Gemeinde von Laodicäa gerichtet. Und es beginnt mit den Worten: „So spricht er, der ‚Amen‘ heißt, der treue und zuverlässige Zeuge“ (Apk 3,14).
„Amen“, das heißt: so ist es, so bleibt es, daran wird nicht gerüttelt! Das sagt Gott zu den Menschen, durch Jesus. Er ist Gottes wahrhaftige und verlässliche Zusage an uns.
Jesus ist der Garant für die Zukunft. Er steht für das Leben, gegen den Tod; für das entfesselte Leben. Er steht für die Gerechtigkeit, für das Leben in Fülle für jeden. Er steht für die Betrogenen, Unterdrückten, Entrechteten – auch zu ihnen sagt er Amen: Du bist nicht für immer verkommen und verloren! Ich sage dir Leben in Würde zu, Leben in Hülle und Fülle!
Jesus ist der „Amen“, die unverbrüchliche Zusage Gottes. Seit Jesus gibt es für Gott kein Zurück mehr von uns Menschen. Eine frohe Botschaft ersten Ranges.

Jesus der „Ja“ und „Amen“

Jesus, der „Ja und Amen“! Ein schöner Titel für Jesus, vielsagend und verheißungsvoll für uns. Er eröffnet weite Perspektiven.

Er ist auch ein Beweis für das, was wir Menschen sind: wir stehen bei Gott in Ansehen, in seiner Achtung. Mehr noch: wir sind Wesen, an die Gott sein Herz verloren hat.
Was für ein Gott, was für eine Welt!

Unsere Antwort auf Gottes Ja und Amen

„Darum rufen wir durch ihn (Jesus) zu Gottes Lobpreis auch das Amen" (2 Kor 1,20).
Wir rufen dieses Amen im Gebet. Am Ende des Hochgebetes der Eucharistiefeier steht das Amen, eines der bedeutungsvollsten Worte, die wir in dieser Feier sagen. „Durch ihn und mit ihm und in ihm" sagen wir Amen. Jesus vertritt unsere Sache beim Vater; er macht vor Gott offenbar, dass wir zu ihm ja sagen, gerne, liebend gerne.
Wir rufen dieses Amen in unserem Tun und Lassen: Wir sind uns unserer Würde bewusst, die wir bei Gott haben: wir sind seine Söhne und Töchter. Wir müssen unserer Würde entsprechend leben: den Mitmenschen mit Respekt begegnen; im Bewusstsein, dass auch sie – wie ich – Adressaten von Gottes Ja sind.
Wir leben diese Antwort im Hoffen und Träumen. Wir treten der Traurigkeit und der Verzweiflung entgegen. Denn wir wissen: über uns steht Gottes Ja, da können Tod und Teufel noch so oft nein sagen.
Dazu ermächtigt uns Jesus – er ist der „Ja und Amen".

6. Jesus, der „Stolperstein"

Meditation zu Lk 2,3

„Simeon pries sie (Joseph und Maria) und sprach zu seiner Mutter Maria: Da! Dieser ist bestimmt zu Fall und Auferstehen vieler in Israel und zu einem Zeichen, dem widersprochen wird."

Viele halten es nicht für möglich, dass man sich an Jesus stoßen und ihm widersprechen kann. Wenn man ihn nur gut kennt, meinen sie, kann man ihm nur zustimmen und ihm vertrauen.
So sind die Dinge aber nicht. Lukas schreibt schon auf der 2. Seite seines Evangeliums, dass der Prophet Simeon anderes über Jesus sagte, als man das Kind in den Tempel nach Jerusalem brachte: „Dieser ist dazu bestimmt, dass in Israel viele durch ihn zu Fall kommen und viele aufgerichtet werden; und er wird ein Zeichen sein, dem widersprochen wird" (Lk 2,34).
Und im 1. Petrusbrief (2,6f) steht: „Es heißt in der Schrift: Seht her, ich lege in Zion einen auserwählten Stein, einen Eckstein, den ich in Ehren halte; wer an ihn glaubt, der geht nicht zugrunde. Euch, die ihr glaubt, gilt diese Ehre. Für jene aber, die nicht glauben, ist dieser Stein, den die Bauleute verworfen haben, zum Eckstein geworden, zum Stein, an den man anstößt, und zum Felsen, an dem man zu Fall kommt."

Es ist Jesus oft passiert, dass ihm widersprochen wurde; nur als Beispiel: in seinem Heimatdorf Nazareth hat er nur mit Müh und Not seinen Auftritt dort überlebt (Lk 4,28-30).

Jesus der Stolperstein!

Die Gründe für die Ablehnung waren damals zumeist zeit- und kulturbedingt: Jesus hat die Autoritäten provoziert, er hat sich in deren Belange eingemischt (z.B. bei der Tempelreinigung). Er hat die Bräuche und Traditionen nicht oder nur distanziert mitgemacht: „Der Sabbat ist für den Menschen da, nicht der Mensch für den Sabbat", sagte er (Mk 2,27). Er hat Beziehungen aufgenommen zu den Kollaborateuren mit der Besatzungsmacht (den „Zöllnern"). Er hat sich der Verkommenen und Ausgegrenzten angenommen und ihnen Ehre erwiesen. Und vor allem: er hat für sich selber eine einmalige Stellung in der Beziehung zu Gott in Anspruch genommen. – Das sind nur einige der Gründe, warum die Zeitgenossen Jesus abgelehnt und Maßnahmen gegen ihn ergriffen haben.

Wir heute haben nicht mehr alle diese Einwände gegen Jesus; wir haben andere und mehr!
Da steht aber auch für uns der Anspruch Jesu, der Messias Gottes zu sein! Ist das die Möglichkeit – dieser Mensch! Da sind doch seine waghalsigen, irrationalen Ideale und Weisungen: „Wer sein Leben verliert, wird es gewinnen" – „der Größte soll der Diener aller sein" – „Selig, die keine Gewalt anwenden" u.a.m. Da ist die Ohnmacht Jesu, seine Unfähigkeit sich durchzusetzen. Und als Tiefpunkt von allem: sein katastrophales Ende.
Dann aber auch die Frage, warum seine Zeitgenossen Jesus nicht akzeptieren konnten: haben die Israeliten nicht Jahrhunderte auf den Messias gewartet? Und jetzt können sie nicht für möglich halten, dass er es ist!

Wir heute fragen Jesus: Was hat dich denn veranlasst, dich so klein zu machen, dass man auf dich hinabschauen und sich an dir vergreifen konnte – du, Gott von Gott? Wir möchten dich nicht als großen Herren sehen, „schön und prächtig, groß und mächtig“. Aber die Gestalt, die du angenommen hast und nicht bereit bist aufzugeben, macht uns schwer zu schaffen. Von den zwölf Legionen Engeln, die dein Vater dir geben kann, solltest du wenigstens zwei annehmen!
Sicher, Jesus ist der große und herrliche, wir bekennen das immer neu. In jedem Gottesdienst feiern wir ihn als den „höchsten Jesus Christus“ (Gloria). Aber seine Herrlichkeit hebt seine Kleinheit nicht auf. – Kein Wunder also, dass gar manche sich mit ihm nicht abfinden können und ihn den Berg hinunter werfen wollen (vgl. Lk 4,29).

Wir, Herr Jesus, vertrauen dir, und setzen unsere Hoffnung auf dich! Geh du nicht von uns aus unserer Mitte fort!

7. Jesus, der Narr

Jede Zeit, jede Kultur nimmt an Jesus die Seiten wahr, die ihr besonders entsprechen; was aus der Freude oder dem Leid der Zeit Ermutigung und Hoffnung ist.
So haben wir in den letzten Zeit an Jesus besonders seine „Vernünftigkeit“ geschätzt: dass er für Gerechtigkeit eintritt, für Menschlichkeit, für Gerechtigkeit und Frieden – eben für eine humane und „vernünftige“ Welt.
Es ist gut, diesen Jesus entdeckt zu haben, er steht für all dies. – In einem unserer Gebete nennen wir ihn den, „in dem alle Weisheit und Wissenschaft verborgen ist“.

Aber es gibt Seiten und Dimensionen in der Person Jesu, die eine andere Sprache sprechen; und die uns dazu bringen, von einem „unvernünftigen" Jesus zu sprechen. Gar vieles an ihm ist unserer Vernunft nicht einsichtig.
Das ist nicht eine neue Entdeckung, sie geht auf en Anfang zurück. Markus berichtet uns, dass seine Verwandten kamen und Jesus in Familiengewahrsam nehmen wollten; sie sagten: „ Und da es *(d.i. Jesu Betriebsamkeit und all seine „Arbeit")* die Seinen hörten, zogen sie aus, ihn zu greifen; denn es hieß, er sei außer sich geraten" (Mk 3,21).

Die Zeitgenossen haben ihn für verrückt gehalten, weil er unglaubliche Dinge getan hat. Und weil er Sprüche gemacht hat, die aller Vernunft spotten. So z.B.: „Selig, die arm sind!" Oder: „Wer sein Leben verliert, wird es gewinnen!" Oder: „Der Größte von euch soll euer Diener sein". – Wir Christen heute haben uns an diese Sprüche gewöhnt und finden sie daher nicht mehr für so absurd. Aber sie sind, mit der Vernunft betrachtet, völlig unvernünftig.

Manche der Bewunderer Jesu haben es gewagt, ihn deswegen einen „Narren" zu nennen. So z.B. die Heiligen Magdalena von Pazzi, Alfons von Liguori, Caterina von Siena. Sie haben oft auch gesagt, warum sie dies tun; und haben dafür eine Menge von Gründen angeführt. Sie haben genannt:

- Die Menschwerdung Gottes. Diese Heiligen sagen, die Liebe und Leidenschaft für die Menschen hat Gottes Sohn um den Verstand gebracht: er ist den Menschen nachgelaufen und selbst ein Mensch geworden.

- Das Leiden und den Tod Jesu am Kreuz. Schon Paulus hat (1 Kor) von der „Torheit“ des Kreuzes geschrieben, vom „Wahnsinn“, den ein „gekreuzigter Christus“ darstellt. Der Schrecken und das Entsetzen darüber hat bis heute nicht nachgelassen.
- Die Armseligkeit Jesu in er Geschichte bis heute.

Auch das ist Jesus also, ein Ausbund der „Unvernunft“.

Können und mögen wir mit einem solchen Christus Jesus leben? Es ist nicht leicht. Aber große Geister haben es getan: der Märtyrer Justinus, der große Geist Augustinus, der Lehrer der Kirche Thomas von Aquin, der geniale Wissenschaftler und begeisterte Christ Blaise Pascal, die Teresa von Avila. Und viele andere. – Sie ermutigen uns, Jesus von dieser Seite zu sehen: jenseits, über unserer Vernunft.

Herr Jesus, in dir sind alle Schätze der Weisheit und Wissenschaft verborgen, gesammelt. Ja! – Aber in deinem Herzen leben Liebe und Leidenschaft. Und die haben dich zu ganz unglaublichen Dingen gebracht, unseretwegen bist du außer dich geraten. Wir danken dir, du unvernünftiger Jesus!

8. „Seht, welch ein Mensch!“

Auf dem Weg von Innsbruck zum Brenner hinauf liegt auf ca. 1000 m Seehöhe eine Wallfahrtskirche, in Matrei am Brenner. Sie wird genannt „Unser Herr im Elend“. Das „Gnadenbild“ dort ist eine einfache Statue: der gegeißelte Jesus sitzt, mit der Dornenkrone auf dem Kopf, mit Purpurmantel und Schilfrohr als Zepter; für einen Moment haben die Folterknechte von ihm abgelassen. So zeigt ihn Pilatus dem Volk von Jerusalem: „Seht, welch ein Mensch!“ (Joh 19,5). – Ich habe diese Wallfahrtskirche öfters besucht. Noch öfter bin ich an ihr vorbeigefahren; sicher, weil ich zu einer Arbeit unterwegs war; aber manchmal auch, weil ich diesen Menschen nicht sehen konnte – der ist ja nicht zum Anschauen!

Das Ausmaß dieser „Erscheinung“ wird erst ersichtlich, wenn wir uns bewusst machen, wer dieser Mensch ist.
Es ist schrecklich genug, dass ein Mensch an die Wand oder an einen Baum genagelt wird, das ist Brutalität in hohem Maß. Aber im Falle Jesu ist so etwas überhaupt völlig unverständlich! Dieser Mensch ist ja der „Messias Gottes“, der „Herr der Herrlichkeit“, Gottes Sohn! Wie kann denn der in dieses „Elend“ kommen!
Und wenn ihm das passiert: ist er dann überhaupt der Messias Gottes, der Herr der Herrlichkeit? Viele haben gesagt und sagen: das schließt sich aus! Ein gekreuzigter Christus ist ein Widersinn

Es gab und gibt viele, die über den „gekreuzigten Christus“ spotten. So ein Nietzsche; und viele andere; und manche spotten weiter und sagen: einer, der einen „gekreuzigten Christus“ anbetet, ist von Sinnen, ein Mensch mit gesundem Verstand kann das nicht. – Eine Version der Legende von Luzifers Fall nennt gerade den Menschen Jesus und sein unseliges Ende als Grund der Empörung des Engelsfürsten, sein Verstand ist da nicht mitgekommen. – Vielleicht gibt es tatsächlich nur einen Grund nicht Christ zu sein: Jesus am Kreuz
Die Menschen, die an Jesus trotzdem festhalten und ihn als den Christus ansehen, halten einen „gekreuzigten Christus“ für möglich: Sie singen und sagen: „Deinen Tod, o Herr, verkünden wir, und deine Auferstehung preisen wir!“ Sie liegen damit auf der Linie der Christen von den Anfän-

gen an. Schon Paulus hatte geschrieben: „Wir rühmen uns des Kreuzes unseres Herrn Jesus Christus“ (Gal 6,14).

Die Christen bekennen sich zu einem Christus, der „gelitten unter Pontius Pilatus, gekreuzigt, gestorben und begraben“. Mit diesem Bekenntnis sind sie einigermaßen kühn. Sie finden sich mit einem gekreuzigten Christus ab; ja sie rühmen ihn sogar für sein Leiden und Sterben, die ungeheuerlichste Tatsache der Weltgeschichte!

Mit dem Kreuz ist es ein Kreuz! Das war am Anfang so und wird es immer bleiben.

Für die Jünger Jesu war die Kreuzigung ihres angebeteten Herrn ein Schock, und dann ein Skandal. Es ist ein Wunder, dass sie trotzdem an ihm festgehalten haben. – Wir sagen vielleicht leichthin: sie haben ja den Auferstandenen gesehen oder von ihm durch Augenzeugen gehört; sie haben so erfahren oder glaubhaft bezeugt bekommen: dieser Jesus ist der Herr! Aber da genau fängt ja die Frage erst an; die Emmausjünger haben es auf den Punkt gebracht: „Warum musste der Christus das alles leiden?“ Wenn so was einem x-beliebigen Menschen passiert, ist es bedauerlich; aber dass Angst und Schmerz und Tod auf Christus Zugriff haben, das ist Wahnsinn!

So hat es Paulus empfunden. Im 1. Brief an seine Freunde in Korinth schreibt er: „Das Wort vom Kreuz ist denen, die verloren gehen, Torheit; uns aber, die gerettet werden, ist es Gottes Kraft. ... Wir verkündigen Christus als den Gekreuzigten: für Juden ein empörendes Ärgernis, für Heiden eine Torheit, für die Berufenen aber, Juden wie Griechen, Christus, Gottes Kraft und Gottes Weisheit.“ (1 Kor 1,18.23f). – Unsere Gelehrten übersetzen die Worte, die Paulus verwendet, mit „Ärgernis“ und Torheit“; aber das klingt so schön und rund! Wenn wir in unserer Sprache sagen möchten, was Paulus sagen wollte, müssen wir von „Aberwitz“ und „Wahnsinn“ sprechen. – Paulus fängt die kühne Formulierung gleich auf und schwächt sie ab: er sagt, es handle sich hier um die Dummheit Gottes, und die sei allemal gescheiter als alle Weisheit der Menschen! Da hat Paulus schon recht, aber da kommt unser Verstand nicht mehr mit!

Die Christen aller Zeiten haben gefragt und werden fragen, wie denn das geschehen konnte, geschehen durfte, dass der Christus gelitten hat und gestorben ist. Sie suchen Erklärungen dafür.
So schreibt Paulus eine Seite später in seinem Brief an die Korinther: „Hätten sie die Weisheit Gottes erkannt, so hätten sie den Herrn der Herrlichkeit nicht gekreuzigt“ (1 Kor 2,8). Sie, die religiösen und politischen Autoritäten haben keine Augen und kein Herz gehabt für den Christus Jesus, und so ist ihnen der folgenschwere Fehlgriff passiert. Die „Dummheit“ der Behörden ist schuld an der Kreuzigung des Christus.
Andere Autoren der Heiligen Schriften des Neuen Testamentes sagen: dass dieser Christus Jesus getötet wurde, ist so ungewöhnlich nicht, das ist der „normale Gang der Dinge“, „Prophetenschicksal“. So ist es vielen Propheten ergangen: „der Gerechte muss viel leiden“ (Psalm 34,19). – Ja, schon! Aber warum?
Eine Weise, das Leiden und den Tod des Messias Gottes „verständlich“ zu machen, ist der Hinweis auf die Schriften des Alten Testamentes. In verschiedenen Texten des AT wird angekündigt, dass der Messias Gottes ein schweres Leben haben werde. Jesus selber legt den Emmausjünger dar, „ausgehend von Mose und den Propheten, was in der ganzen Schrift über ihn geschrieben steht“ (Lk 24,27); und dass es also so geschehen müsse. Und Lukas bringt in der Apostelgeschichte

(8,26-40) einen solchen Verweis des Alten Testaments: Der Beamte der Königin Kandake liest auf seinem Weg von Jerusalem zurück in seine Heimat aus dem Buch des Propheten Jesaja, genau das 4. der sog. Gottesknechtslieder (Jes 52 und 53). Der Diakon Philippus wird ihm als „Interpret" gesandt: er erklärt dem Beamten, dass alles Leid und alle Schmach, von dem in dem alten Lied die Rede, in Jesus seine Erfüllung gefunden habe.

Noch einen anderen Versuch, den Tod Jesu zu verstehen oder ihm wenigstens einiges abzugewinnen, macht Johannes in seinem Evangelium. Er beruft sich dabei auf einen Satz Jesu: „Es gibt keine größere Liebe, als wenn einer sein Leben für seine Freunde hingibt" (Joh 15,13). Die Liebe ist also schuld am Tode Jesu, seine Liebe zu den Menschen. – Das sagt einiges. Trotzdem: es sagt nicht alles. Hätte die Liebe nicht auch anderes zuwege bringen können als das Sterben Jesu am Kreuz?

Noch andere Texte des Neuen Testamentes sagen, dass Jesus wegen der Sünden der Menschen gestorben sei. Sie berufen sich dabei auf Jesu eigene Worte; Worte, die er z.B. bei seiner Abschiedsfeier gesagt hat: „das ist mein Blut, ... das für viele vergossen wird zur Vergebung der Sünden" (Mt 26,28). – Die Verbindung von Jesu Tod und der „Sünde der Welt" reißt Abgründe auf. Wir heute wagen es kaum, in diese Abgründe zu hineinschauen. Darinnen ist es für uns viel zu sehr Nacht.

Im Laufe der Jahrhunderte haben sich die Christusanbeter oft mit dem Leiden und Sterben ihres Christus auseinandergesetzt; und sich daran wund gerieben.

Wir heute wissen dem Leiden und Sterben des Christus Jesus noch etwas anderes abzugewinnen, das wir staunend und dankbar zur Kenntnis nehmen. Es ist die Tatsache, dass unser Christus Jesus nicht irgendwo „über den Wolken" gelebt hat, sondern dass er in die Nächte und Abgründe unserer Welt hineingegangen ist; dorthin, wo keine Sonne mehr scheint: „hinabgestiegen in das Reich des Todes". Und wir schöpfen daraus Ermutigung und Hoffnung: auch wenn du am Galgen endest oder im Gasofen – du hast einen Leidensgefährten: den Christus Jesus. – Vielen Tausenden war der Blick auf den gekreuzigten Christus auf ihrem Weg in den Tod eine große Hilfe. So wird es auch in Zukunft sein: er leuchtet „allen, die in Finsternis sitzen und im Schatten des Todes" (Lk 1,79). – Aber auch in dieser Sicht erheben sich Fragen; etwa (sehr menschlich ausgedrückt): Warum hat sich denn der Christus der Mühe unterzogen, „in das Reich des Todes hinabzusteigen"? Wir Gescheiten meinen, er hätte doch gleich Tod und Teufel mit einem Blitzstrahl vernichten können, das würde die Dinge viel leichter machen! – Aber das ist Menschenweisheit!

Im Grunde sperrt sich das Kreuz Christi gegen alle Versuche, es „verständlich" zu machen. Damit müssen wir leben
Zwei Dinge aber sollen wir nicht tun: 1. Das Leid der Menschen in der Welt „verherrlichen" und damit verharmlosen mit der Begründung, dass auch Jesus gelitten habe. Das Leid und der Tod der Menschen ist eine Ungehörigkeit, die nicht sein darf. 2. Wir dürfen uns nie an das Kreuz Christi gewöhnen. Es steht zwar bei uns überall: in den Häusern, an den Straßen, auf den Feldern, auf den Bergesgipfeln; und wir schmücken es mit Blumen und Kränzen. Das ist schön und hat einen guten Sinn. Aber wir dürfen niemals der Meinung sein, das Kreuz sei ein Kunstgegenstand, der in unsere Kulturlandschaft gehöre (manche „Kreuzverhüllung" ist notwendig). Das Kreuz ist ein Marterinstrument, an dem gestorben wird, sonst nichts. Und der Christus am Kreuz ist Gottes größte Verstiegenheit.

Jesus, du guter, lieber! Du bist am Kreuz gestorben und ins Reich des Todes hinabgestiegen! Wie bist du dorthin gekommen? Was suchst du denn dort in diesen Abgründen? Gott weiß, vielleicht mich!

9. Was die Auferstehung Jesu ans Licht bringt

Christus ist erstanden! Seither ist die Welt nicht mehr, was sie war.

Christus ist erstanden. – Er ist also nicht der arme Kerl, als den man ihn angeschaut hat, als er am Kreuze litt und starb. Die Folterknechte und Henker waren bei ihm am falschen Mann!

Christus ist erstanden – Die Herren, die ihm das Todesurteil gesprochen haben, haben ein Fehlurteil gefällt. Pilatus ist jetzt noch mehr ratlos und hilflos, als er es war. Und dem Kajaphas und seinen Hohen Räten steht der Verstand still, alles dreht sich im Kreis. So etwas hätten sie sich nicht träumen lassen!

Christus ist erstanden. – Künftig kann der Tod sich nicht mehr freuen! Auch wenn er sich wild gebärdet – das Handwerk ist ihm gelegt!

Christus ist erstanden. – So haben wir zu lachen. Und unsere Toten sind nicht tot, sie sind beim Feiern!

Christus ist erstanden. – Er lebt, und ist bei uns! Und mit ihm lebt die Hoffnung: für alle Gedemüdigten und Beleidigten, für alle Verworfenen und Vergessenen..

Christus ist erstanden. – Schlecht beraten ist, wer an ihm vorübergeht.

Christus ist erstanden. – Die Welt ist nicht mehr, was sie war.

10. Jesus, das Wort

Unter den vielen Titeln, die Johannes an Jesus vergibt, ist einer besonders auffallend: der Titel „das Wort“; für uns jedenfalls ist er recht merkwürdig.
Wie kommt denn der alte Apostel auf diesen Titel? Welche Seite am „unauslotbaren Reichtum Christi“ will er damit zum Leuchten bringen?

Der Ausdruck, den Johannes in seiner Sprache verwendet („logos“), hat viele Bedeutungen, viele Facetten. Unser deutscher Ausdruck „Wort“ ist im Vergleich damit klar und eindeutig. Und das heißt auch: Vieles von dem, was die Zeitgenossen des Johannes mitgehört haben, wenn sie Jesus „das Wort“ genannt haben, klingt bei uns nicht an; wollen wir es zur Sprache bringen, müssen wir selber in unserer Sprache neue Titel erfinden – eine schöne, große Aufgabe!
Aber einiges von dem, was für Johannes und seine Freunde angeklungen ist, wenn sie Jesus „das Wort“ genannt haben, ist auch uns zugänglich.

Johannes – Jude von Geburt, Jude zeit seines Lebens, auch als Jünger Jesu – hat Gott immer in einer besonderen Perspektive gesehen: als Gott, der den Menschen zugewandt ist, sich ihnen verschreibt, zu ihnen steht und mit ihnen geht: Jahwe. Johannes hat, wie seine Stammesbrüder, den Glauben gehabt, dass Gott sich den Menschen mitteilt.
Eine Gestalt, in der Gott sich den Menschen mitteilt, ist das Wort. Das Wort – das waren für die Leute in Israel die Zusagen Gottes, der Partner

der Menschen zu sein; das Versprechen, ihnen ein Land und eine Zeit zu geben, wo das Leben überbordet. Das Wort – das waren Gottes Mitteilungen von Weisheit und Einsichten, die die Menschen glücklich machen. Das Wort – das waren auch seine Weisungen für eine Lebensführung, in der die Herrlichkeit Gottes sich spiegelt. Und das Wort – das waren auch die wunderbaren Visionen der Propheten mit den schönsten Hoffnungen.
All diese schönen, unerhörten Mitteilungen und Kundgaben Gottes in der Vergangenheit findet Johannes gebündelt und verdichtet, angereichert und bekräftigt: in Jesus. Und so nennt er ihn das fleischgewordene Wort, die verkörperte Selbstmitteilung, Selbspreisgabe Gottes.

Können wir mit dieser Sicht etwas anfangen? Können wir – aus unserer Erfahrung – Jesus „das Wort“ nennen?
Manche meinen, wir sollten das nicht tun! Wir leben in einer Zeit, in der es Worte in Hülle und Fülle gibt – und die damit keinen Wert mehr haben. Tun wir also Jesus nicht die zweifelhafte Ehre an, auch ihn in dieser „Klangwolke“ vorkommen zu lassen!
Aber dürfen wir uns durch dies (und anderes) abhalten lassen, Jesus „das Wort“ zu nennen? Zum einen nennt ihn Johannes so – und er weiß, was er sagt, er spricht aus Erfahrung! Zum andern bringt dieser Titel eine wunderbare Seite an Jesus zum Vorschein.
Bevor wir aber weiterreden: eine Klarstellung, um Missverständnisse zu vermeiden! Den Titel „das Wort“ trägt Jesus nicht nur auf Grund dessen, was er gesagt und gelehrt hat, sondern auch auf Grund dessen, was er getan hat, und was er war. Er ist „Wort“ mit Leib und Leben: Alles, was er getan, und alles, was er an sich hat geschehen lassen, ist Offenbarung und Mitteilung, Preisgabe Gottes an uns Menschen.

Aber welcher Art ist dieses Wort? Welchen Inhalt hat es? Welchen Klang?
Ist es ein „Schlagwort", das einen erschlägt? Ist es ein „Stichwort", das einen ersticht? Ist es ein „Machtwort", das uns Schrecken einjagt? – Ach, wir mit unseren Ängsten! Das Wort, das Jesus ist, ist Frohbotschaft, „Evangelium"!
Jesus, das ist das Wort, das Himmel und Erde ins Dasein gerufen hat, sicher. Aber vor allem: Jesus – das ist eine Liebeserklärung Gottes an die Menschen! Jesus – das ist das Ja und Amen Gottes zu uns! Jesus – das ist eine Verheißung mit unabsehbaren Folgen!

Vielleicht wirft hier einer ein: Vergisst du da nicht einiges, wenn du so über Jesus redest? Hat Jesus nicht auch gedroht und verflucht? Und hat er nicht die Banker und Geschäftsleute aus dem Tempel gejagt? ... Ich vergesse das und anderes nicht! Aber auch diese Worte und Taten Jesu fügen sich in den Grundton des Evangeliums ein: Jesus kann und will nicht zulassen, dass Menschen verachtet und gekränkt werden, und dass Gott um seine Ehre gebracht wird! Jesus, „das Wort", ist ein Nein zu aller Unmenschlichkeit und Gottlosigkeit.

Viel schwerer verständlich ist eine andere Tatsache: dass Jesus im Ganzen erfolglos war und ein wenig glorreiches Ende gefunden hat. Das Licht hat in die Finsternis geleuchtet, aber die Finsternis hat das Licht verschlungen!
Der gekreuzigte Christus – was soll denn das für ein Wort sein? Der unartikulierte Todesschrei Jesu: das Letzte, was Gott uns in Jesus zu sa-

gen hat? Jesus – welch unerhörtes Wort! Es geht über unser Fassungsvermögen!

So können und sollen wir das ganze Leben Jesu durchgehen und all sein Tun und Lassen als „Wort“ verstehen. Hoffentlich findet dieses unerhörte Wort bei uns Anklang“ Hoffentlich geht es uns gehörig zu Herzen!

Jesus, „das Wort“: Das hat viele und weitreichende Konsequenzen!
Wenn Jesus das Wort ist, in dem Gott sich uns gegenüber ausspricht, dann brauchen und dürfen wir nicht nach anderen Quellen der Information, der Weisung, des Zuspruchs suchen. Der Kirchenlehrer Johannes vom Kreuz hat diesbezüglich pointierte Aussagen. Er zitiert den Hebräerbrief: „Viele Male und auf vielerlei Weise hat Gott einst zu den Vätern gesprochen durch die Propheten; in dieser Endzeit aber hat er zu uns gesprochen durch den Sohn“. Und er kommentiert: „Mit diesen Worten lehrt uns der Apostel, dass uns Gott durch dieses sein Wort so viel gesagt hat, dass nichts Größeres zu wünschen übrigbleibt. Denn was vorher den Propheten in Bruchstücken mitgeteilt wurde, hat Gott uns nun als Ganzes verkündet, indem er ihn, seinen Sohn, uns ganz gab. Wenn daher im Neuen Bund jemand Gott befragen oder eine Vision oder eine Offenbarung von ihm verlangen würde, so wäre das nicht nur eine Torheit, sondern er würde Gott offenbar Unrecht tun, weil er seine Augen nicht ganz und gar auf Christus richtete, vielmehr außer ihm etwas anderes und Neues suchte. Gott könnte ihm etwa so antworten: ‚Dies ist mein geliebter Sohn, den ich erwählt habe; auf ihn sollt ihr hören!‘ Durch mein Wort habe ich bereits alles gesagt. Richte auf ihn allein deine Augen: denn in ihm habe ich dir schon alles kundgetan und geoffenbart; ja, du wirst in ihm mehr finden, als du ersehnen und erbitten kannst.“

Wenn Jesus „das Wort" ist, dann müssen wir an ihm auch alle anderen „Botschaften" messen: die von politischen Führern, von religiösen Autoritäten, oder von wem auch immer.

Fragen zum Weiterdenken: Jesus ist als ganzer, mit Leib und Leben, Gottes Wort an uns.
Wir müssen staunen, dass Gott sich würdigt, uns anzureden; uns gar eine Liebeserkärung zu machen. Und Worte des Dankes erfinden, als Antwort auf das Wort, mit dem Gott uns angeredet hat.

Herr Jesus, wie dein lieber Freund Johannes nennen wir dich „das Wort" – Wort, das nicht seinesgleichen hat. Ohne dich herrscht Stille in unserer Welt: Totenstille. Ohne dich herrscht unheimliches Schweigen.
Du bist das Wort, das uns aufhorchen lässt! Das Wort, das mit seinem Wohlklang die Welt erfüllt und glücklich macht!

11. Jesus, der Freund

Wir sind es gewohnt, Jesus große Titel zu geben. Wir nennen ihn meist „Herr“, „König“, „Messias“, „Erlöser“. Und wir reden ihn manchmal auch mit dem Evangelisten Johannes an als „Brot des Lebens“, „Licht der Welt“, „Wort“ ... - Alle diese Titel sprechen die Größe Jesu an, seine Bedeutung für uns, seine Unentbehrlichkeit.
Es gibt aber „Titel“ oder Ehrennamen für Jesus, die ganz andere Seiten seiner Persönlichkeit zum Leuchten bringen. Ein solcher „Titel“ ist: Jesus, der Freund.

1.1. Der große Theologe Eugen Biser meint, dieser Titel sei für uns heute der angemessenste, wir sollten Jesus bevorzugt so nennen (s. Bisers Buch „Der Freund“).
Aber manche Heilige und Dichter haben Jesus schon zu ihrer Zeit so genannt. So Angelus Silesius: „Ich will dich lieben als meinen allerbesten Freund“ (in seinem Lied „Ich will dich lieben, meine Stärke“, Gotteslob Nr. 358). Oder die große Teresa von Avila; sie schreibt: „Wer Jesus als Freund und hochherzigen Führer an seiner Seite hat, kann alles tragen; denn Jesus hilft uns und gibt uns Kraft. Er lässt keinen im Stich und ist ein wahrer und aufrichtiger Freund.“ (Aus ihrem Werk „Über das Buch des Lebens“).

1.2. Aber dürfen wir Jesus als unseren Freund betrachten und ihn auch so nennen?

Wir wissen nicht, ob seine Zeitgenossen ihn so genannt haben. Er selber sagt: „Ihr sagt zu mir ‚Meister' und ‚Herr', und ihr nennt mich mit Recht so; denn ich bin es". (Joh 13,13). Aber einige haben ihn sicher als ihren Freund gesehen, wenn sie auch vielleicht nicht das Wort ihm gegenüber verwendet haben (das tun ja auch wir nicht; wir sagen zum Freund: „du, Markus": oder zu einer Freundin: „du, Sonja" – die Freundschaft ist atmosphärisch). Aber immerhin haben die beiden Schwestern des Lazarus Jesus die Nachricht geschickt: „dein Freund (Lazarus) ist krank" Joh 11,3; und zwei Zeilen später steht: „Jesus liebte Martha, ihre Schwester und Lazarus", Joh 11,5).
Und Jesus selbst hat zu seinen Aposteln gesagt: „Ich nenne euch nicht mehr Knechte; denn der Knecht weiß nicht, was sein Herr tut. Ich nenne euch Freunde, denn ich habe euch alles mitgeteilt, was ich von meinem Vater gehört habe." (Joh 15,15). Er hat sie eingeweiht in seine Pläne, hat sie teilnehmen lassen an seinen Unternehmungen, hat ihnen Einblick gegeben in das Geheimnis seiner Person; und hat ihre Dummheit und ihren Schwachsinn ertragen ... Wenn er sie als Freunde bezeichnet, dann müssen auch sie ihn als Freund sehen (Freundschaft ist eine „reflexive Relation", sagen die Logiker).

1.3. Das war damals! Aber dürfen wir heute Jesus unseren Freund nennen? Ist das nicht zu kühn, nehmen wir uns da nicht zu viel heraus? Unsere Position ist ja nun doch noch eine andere als die der Apostel!
Aber wir dürfen Jesus als unseren Freund betrachten, und wir sollen es! Wir singen zu Recht und dankbar: „Du machst uns auch Knechten zu Freunden" (Gotteslob Nr. 161).
Sicher, wir werden ihn nicht jeden Tag so nennen oder ihn als Freund wahrnehmen – andere Seiten seiner Person werden uns zuerst in die

Augen springen: seine Größe, seine Einmaligkeit, seine Bedeutsamkeit ... Aber trotzdem: wir dürfen und müssen Jesus als unseren Freund sehen und ihn so nennen.
Was berechtigt und ermächtigt uns dazu? Seine Zuneigung zu mir / zu uns. Und seine Einladung.

2. Was bedeutet es für uns, Jesus zum Freund zu haben? Was hat das für Konsequenzen?

2.1. Jesus zum Freund haben bedeutet vor allem, diese Freundschaft zu genießen. Jesus ist ein „lieber Freund".
Jesus war ein lieber Freund für seine Zeitgenossen: er hatte Geduld mit seinem Petrus, er hatte Vertrautheit mit den Geschwistern in Bethanien (Martha, Maria, Lazarus), er hatte freundschaftliche Beziehungen zu den Frauen in seiner Gefolgschaft (Lukas berichtet darüber öfters in seinem Evangelium).
Er ist auch unser Freund heute. Er ist nicht nur der Herr und Meister, der König, das Licht und das Leben ... Er ist auch mein lieber Freund, der mir seine Nähe schenkt, mich mit seiner Zuneigung beglückt, mir Heimat gibt. Er ist ein „lieber Freund"; wir müssen uns glücklich schätzen, ihn zum Freund zu haben; und diese Freundschaft auskosten.

2.2. Jesus zum Freund haben ermächtigt uns auch, ihn in Anspruch zu nehmen.
Von einem Freund dürfen wir einiges erwarten, besonders wenn er in einer entsprechenden Position ist und Autorität hat.

Wir dürfen ihn um Hilfe bitten, wenn wir in einer Notsituation sind. Und dürfen ihn auch auf Nöte und Sorgen um uns herum aufmerksam machen. – Vom hl. Klemens M. Hofbauer wird uns erzählt, dass er in Warschau, als er kein Geld mehr hatte für seine Waisenkinder und die Schulkinder, in die Kirche von St. Benno gegangen ist, dort an den Tabernakel geklopft und gesagt hat: „Jetzt ist's Zeit".
Und ich darf und werde meinen Freund Jesus auch bitten, dass er mit mir durch den Tod geht, jene finstere Nacht. Dort brauche ich ihn besonders an meiner Seite.
Jesus ist ein „verlässlicher Freund".

2.3. Jesus zum Freund haben bedeutet auch, dass wir diese Freundschaft pflegen müssen – er ist ein „anspruchsvoller Freund".
Einem Freund muss man Zeit schenken, sich neben ihm hinsetzen, ihm zuhören ...
Freundschaft erfordert auch, dass ich das Gehabe des Freundes annehme; versuche „wie er zu werden" – ich muss mir seine Gesinnungen zu eigen machen.
Ich muss die Interessen des Freundes kennenlernen und sie teilen; ebenso seine Anliegen, Sorgen und Ängste.
Freundschaft erfordert auch, dass ich auf die Wünsche, Bitten, Einladungen ... des Freundes eingehe. Und ihn auch teilnehmen lassen an meinen Freuden und Sorgen; dass ich vor ihm keine Geheimnisse habe.
Jesus ist ein „anspruchsvoller Freund".

2.4. Jesus zum Freund haben heißt auch, andere auf diesen Freund aufmerksam zu machen und ihnen von diesem Jesus zu erzählen: man kann eine „Entdeckung“ ja nicht für sich behalten, vor allem, wenn sie für andere lebenswichtig ist.

2.5. Einem Freund muss man auch die Treue halten, auch dem Freund Jesus, so anstrengend das manchmal sein mag.
Karl Rahner hat in einem Brief geschrieben: „Und wenn eines Tages niemand mehr an IHN glaubt, verflucht und zugenäht, dann will ich IHM die Freude machen“ (zit. in Gottesdienst 2002).

Wir dürfen und müssen Jesus als unseren Freund sehen. – Teresa von Avila: „Was wollen wir mehr als einen treuen Freund an unserer Seite, der uns in Mühsal und Not nicht verlässt, wie es weltliche Freunde tun? Wohl dem, der ihn wirklich und aufrichtig liebt und ihn immer neben sich hat.“ (Über das Buch des Lebens).

Jesus, unser Freund! Wir wagen es kaum zu glauben, dass du das bist und dass wir dich so nennen dürfen. Aber alles weist darauf hin, dass es so ist. Wir nehmen es mit großer Dankbarkeit zur Kenntnis und freuen uns herzlich darüber! Du lieber, guter Freund!

12. „Lebt so, dass ihr den Wohlgeruch Christi verbreitet“

Der Kirchenlehrer Augustinus schreibt in seiner Regel für die Ordensleute (8,1): „Lebt so, dass ihr durch euer Leben den lebensweckenden Wohlgeruch Christi verbreitet“. – Das ist eine schöne Aussage über Christus Jesus: „Wohlgeruch“ ist er!
Augustinus bringt gerne alle Sinne des Menschen ins Spiel, wenn er von Gott und seinem Christus redet. Eine Christologie der besonderen Art!

Wir heute sind auf den Gesichtssinn und den Gehörsinn beschränkt; die anderen Sinne sind unterentwickelt oder verkümmert. Wir sagen daher meist nur: „das schaut schön aus“, oder: „das klingt gut“.
Augustinus hingegen lebt mit allen Sinnen! Und um von seinem Jesus etwas zu sagen, setzt er ihn in Vergleich mit dem, was allen Sinnen zusagt und ihnen Freude macht:

> Jesus ist wie das, was für die Augen schön ist und sie anlacht – eine „Augenweide“.
> Jesus ist wie das, was dem Gaumen köstlich schmeckt.
> Jesus ist wie das, was wohlriechend ist, ein Wohlgeruch.
> Jesus ist wie das, was für unsere Ohren ein Ohrenschmaus ist, schönste Musik.
> Jesus ist wie etwas, das sich zart und fein anfühlt, was uns schmeichelt – „wie eine Umarmung“.

Für manche dieser Formulierungen kann Augustinus auch die Heiligen Schriften als Belege anführen. Da ist z.B. von Jesus als dem „Schönsten der Menschen“ die Rede (vgl. das Lied „Schönster Herr Jesus“); oder von Jesus als dem „Wohlgeruch“ (2 Kor 2,15).

In diesen Sprechversuchen bringen Augustinus und seine Gewährsleute Grundlegendes über Jesus zum Ausdruck: Jesus ist derjenige, den man nur gern haben kann; er schenkt Glanz und Wohlbehagen.
Diese Sichtweise ist auch eine Einladung, auf diesen Jesus zuzugehen und sich von ihm das Wohlbefinden schenken zu lassen: Schau, wie schön er ist, wie köstlich, welche Musik! Er lässt dein Herz höher schlagen!

Der Text des Augustinus ist auch ein Auftrag an uns: Wir wollen durch unser Leben den Menschen neben uns die Köstlichkeit Jesu vermitteln. Aus uns soll der „Wohlgeruch“ Christi herausbrechen, in uns soll seine Schönheit ansichtig werden, aus uns soll sein Wohlklang erschallen.
Der Kirchenlehrer weiß, dass dies nicht von allein gelingt. Wir müssen vielmehr diesen Jesus in uns Wirklichkeit werden lassen: seine Geistigkeit, seine Liebe vor allem, in uns verkörpern. Wir müssen uns Jesu Art angeeignet haben und sie in unserem Tun an den Tag legen. Nur wenn wir von der Schönheit Jesu etwas abbekommen haben, nur wenn wir selber „schöne Menschen“ geworden sind, wie Augustinus sagt, wird die Schönheit Jesu aus uns leuchten.

„Lebt so, dass ihr durch euer Leben den Wohlgeruch Christi verbreitet!“
Ich wünsche uns, dass er in uns Gestalt gewinnt; und dass die Menschen neben uns durch uns ihre Freude an Jesus haben.

13. Von der Größe und dem Elend des Menschen

Im Gottesdienst am 11. Sonntag im Jahreskreis (Lesejahr C) stehen zwei Lesungen, die von der „Sünde“ sprechen und entsprechende Beispiele vorführen:
Da wird in dem einen Text (2 Sam 12, 7-13) von David berichtet, dass er sich in die schöne Bethsabe verschaut hat, die Frau eines seiner Offiziere. Er begeht mit ihr Ehebruch. Und nicht genug damit: er lässt ihren Mann Urija im Krieg töten.
Im anderen Text, im Evangelium (Lk 7,16-50), tritt im Haus des Pharisäers Simon eine Frau auf den Plan, eine Prostituierte. Sie war in Tränen aufgelöst über ihr Leben mit all den Demütigungen und Ängsten. Und Jesus spricht ihr die Vergebung zu.

Aber kann man heute überhaupt öffentlich von „Sünde“ sprechen: in der Verkündigung, in der Politik und Gesellschaft? Man kann es nicht. „Sünde“ ist heute bei uns ein Fremdwort.
Aber man muss das Wort „Sünde“ auch nicht in den Mund nehmen! Wir haben viele Ausdrücke, die dasselbe bedeuten und viel konkreter sind. Nur einige: Da gibt es – auch bei uns in Europa – die Brutalität, die Grausamkeit von Verachtung bis zum Mord. Und die Korruption – täglich wird darüber berichtet. Und den Machtmissbrauch in all seinen Arten. Die sexuellen Terrorakte bis zu Vergewaltigung und Mord. Und Lug und Trug sind auf allen Ebenen unserer Gesellschaft gang und gäbe. Da ist das „Wegschauen“ von Unrecht und damit die stille Zustimmung dazu. Herzlosigkeit ist ein weiteres Phänomen; damit verbunden die Gedankenlosigkeit. – Die Liste kann noch lange fortgesetzt werden: Bequemlichkeit,

Feigheit, selbstverschuldete Dummheit, Machtgier, Habgier, überhaupt unkontrolliertes Gefühl und ungezähmtes Herz. Etc.
Das sind alles unübersehbare Tatbestände. Natürlich sind nicht alle gleich gefährlich, und von Mann zu Mann / von Frau zu Frau unterschiedlich mächtig und aggressiv.

Die Frage ist mehr als notwendig: wie kann es denn so etwas überhaupt geben? Wie ist der gescheite Mensch zu so etwas fähig?
Einiges von den „Hintergründen" wissen wir:
Das eine ist: der Mensch ist versuchbar, verführbar. Das zeigt uns der große David (s. Lesung 2 Sam 12, 7-13) die schöne Bethsabe wäre ihm völlig gleichgültig geblieben, wenn er nicht „anfällig" gewesen wäre! – Ganz allgemein: der Mensch ist kein Held, moralisch unangreifbar. Auch Siegfried hat seine verwundbare Stelle. Er ist ein „schwacher" Mensch.
Dann ist ein weiteres: die Komplizenschaft der Umwelt und der Welt im Großen. Die „Gelüste" von uns Menschen treffen auf „Bereitschaften" neben uns: den schönen „Apfel im Garten des Nachbarn". – Unsere Welt ist voll solcher Äpfel; die geheimen Verführer sind nahezu zahllos: die finanziellen „Angebote", die „Werbungen", die „Schmeicheleien" aller Art. – Eine denkwürdige „Verschworenheit".

Die Folgen dieser Tatbestände sind verheerend:
Für die Mitmenschen: sie werden Opfer. Es bringt ihnen Leid und Not, Elend; und oft den Tod.
Für die Beziehung zu Gott erwachsen große Belastungen: „was ihr dem Kleinsten eurer Mitmenschen angetan habt, das habt ihr mir angetan", so Jesus, der menschgewordene Gott (Mt 25).

Für die „Verursacher“ ebenfalls. Wer sich vergeht, verliert seine Würde. Und macht ihn/sie noch kleiner, als er/sie schon war.

Was können wir angesichts dieser dunklen Tatbestände tun?
Ein erstes, dass wir ihnen ins Gesicht schauen; sie uns eingestehen, auch im eigenen Leben. – Wir sind wohl keine Verbrecher, aber jeder / jede hat seine / ihre Schlagseiten.
Weiters: um Vergebung bitten, um „Entschuldigung“.
Und: auf die Vergebung Gottes hoffen. Wir sprechen voll geständig im Glaubensbekenntnis: „ich glaube an die Vergebung der Sünden“! – Sie kostet Gott unendlich viel. Sie kostet dem Sohn Gottes das Leben. – Wie aus den Nächten und Finsternissen unserer Welt ein strahlender Himmel erstehen wird, ist für uns unfassbar. Aber Gott wird es machen.

Wenn wir so das Dunkel in unserer Welt ins Auge fassen, sind wir in Gefahr, zu Schwarzsehern zu werden. – Oder doch nicht?
Vor einiger Zeit ist ein kleines Büchlein erschienen mit dem Titel: „Größe und Elend des Menschen“. Es enthält Texte aus den „Pensées“ des großen Wissenschaftlers und Theologen Blaise Pascal. In immer neuen Anläufen sagt er: wenn du nur von der Größe des Menschen redest, kommt er in Größenwahn. Wenn du nur vom Elend des Menschen redest, bleibt ihm nur die Verzweiflung. Du musst immer beides sehen – von Jesus her. Er gibt das Gleichgewicht.

Es hat große Theologen gegeben, die nur die Bosheit des Menschen gesehen haben: Martin Luther, Alfons von Liguori und andere. Und es hat zum Glück auch andere gegeben, die die Größe und die Schönheit des Menschen gesehen und bestaunt haben. Es sei nur eine genannt: Caterina von Siena; sie hat gesagt, Gott ist Mensch geworden, weil er entzückt war von der Schönheit seiner Geschöpfe!

Herr Jesus!
Keiner hat so wie du die Tragödie und das Elend der Menschen erfahren wie du; und keiner hat wie du die Größe und die Schönheit der Menschen gesehen. Im Hin- und Hergerissenwerden unseres Lebens setzen wir unsere Hoffnung auf dich. Du wirst uns nicht enttäuschen.

14. „Wer Christus, dem vollkommenen Menschen, folgt ...

Die Konzilsväter des II. Vaticanums haben in der Pastoralen Konstitution über die Kirche in der Welt von heute (Gaudium et spes, Nr. 41) geschrieben: „Wer Christus, dem vollkommenen Menschen, folgt, wird auch selbst mehr Mensch".
Diese Aussage hat ein großes Echo gefunden. Vor allem in den pastoral tätigen Ordensgemeinschaften der Kirche: in viele Ordensregeln wurde dieser Text aufgenommen.

1.1. Für viele klingt diese Aussage kühn, ja unglaubwürdig.
Für Kritiker des Christentums von außen: Karl Marx hat gesagt: das Christentum bringt den Menschen nur die „Tugenden der Canaille" bei: Demut, Sanftmut, Geduld. Und hindert damit die Menschen, Menschen zu werden. – Friedrich Nietzsche schreibt ganz ähnlich: Der Glaube an Jesus macht bucklig, klein. Der Christ wird ein buckliger Zwerg.
Und auch manche Christen sind der Meinung, ohne Christus hätten sie ein leichteres Leben, unbeschwerter und heller.

1.2. Demgegenüber steht aber das Wort Jesu (Mt 11,28): „Heran zu mir alle, ihr Mühenden und Überbürdeten: Ich werde euch aufatmen lassen. Mein Joch nehmt auf euch und lernt von mir. Denn: Sanft bin ich und von Herzen niedrig, und ihr werdet Aufatmen finden für euer Leben." (Übersetzung Fridolin Stier). – Jesus verbürgt sich dafür, den Menschen die Lasten abzunehmen und ihnen zu ermöglichen, aufrecht gehen zu können.

Es ist wichtig, zur Kenntnis zu nehmen, was wir dem Christus Jesus verdanken, und wie wir durch ihn mehr Mensch werden.

1.3. Eine eigene Frage ist, inwiefern Christus Jesus der „vollkommene Mensch" war. Er war es sicher nicht in dem Sinne, dass er ein glückliches Leben geführt, mit aller Welt in Frieden gelebt, souverän die Dinge gemeistert hat. Er ist gescheitert; ist verkannt worden und zu guter Letzt hingerichtet. – Vollkommen ist er, weil er in allem den Anforderungen Gottes entsprochen hat; und weil in ihm die ganze Fülle der Gottheit wohnte (vgl. Kol 1,19).

2.1. „Mensch werden" bedeutet Verschiedenes, denn Mensch sein hat viele Dimensionen.
Mensch sein heißt frei sein, aufrecht gehen können.
Mensch sein heißt ein Leben führen können, das diesen Namen verdient (zum Essen haben ...); heil sein (von Krankheiten, Verwundungen, Verkrümmungen...).
Mensch sein bedeutet Würde haben, in Frieden leben können, eine Heimat haben.
Mensch sein heißt auch „integer sein", d.h. als Mensch leben und kein Unmensch sein.
Und manches weiter.

2.2. Um ein Missverständnis zu vermeiden
Wer Jesus nachfolgt, wird nicht ein leichteres Leben haben als die, die das nicht tun. Im Gegenteil: in mancher Hinsicht ist ein Leben in der Nachfolge Christi anstrengender und anfordernder.

Und wenn jemand Christus nachfolgt, hat er auch nicht ein Leben, das heiterer und weniger dunkel ist: Manche Abgründe werden erst im Lichte Christi sichtbar, und manches Dunkel fällt erst in die Augen, weil das Licht Christi so hell ist.

3. „Wer Christus, dem vollkommenen Menschen, nachfolgt, wird selbst mehr Mensch". Einige Erweise und Erfahrungen:

3.1. Wer Jesus nachfolgt und ihm vertraut, hat mehr Einblick in die Welt und ein besseres Wissen um sie, und hat ein feineres Gespür für die Dramatik der Geschichte der Menschen. Er weiß: die Welt und die Menschen auf ihr sind nicht Ereignisse, über deren Wert und Sinn man Zweifel haben müsse. Ein Nachfolger Jesu kann und darf die Welt nicht verachten (contemptus mundi – Weltverachtung). In Jesus ist Gott selber in die Geschichte der Menschheit eingetreten und ihr Hauptakteur geworden: „Sosehr hat Gott die Welt geliebt, dass er seinen Sohn in sie gesandt hat" (vgl. Joh 3,16).
Wer Christus nachfolgt, hat einen besseren Blick: er weiß mehr um den Wert der Welt (des Universums); und weiß mehr um die Würde des Menschen.

3.2. Wer Christus nachfolgt und ihm vertraut, lebt in größerer Freiheit. Er besitzt die Sichtweise und den geistigen Horizont Jesu. Und das gibt ihm das rechte Augenmaß.
Der Jünger/die Jüngerin Jesu vertraut auf Gott und steht auf ihn. Neben Gott sind die Herren und Mächte, die dem Menschen entgegentreten, nicht mehr so groß und mächtig, wie sie sich gerne geben. Sie werden auf ihren Platz verwiesen. Aus dieser Sicht haben die Märtyrer die Kühn-

heit und die Kraft gehabt, den Ansprüchen der Tyrannen Widerstand zu leisten.

Wer Christus nachfolgt und ihm vertraut, hat Augenmaß und kann Widerstand leisten.

Die Jünger Jesu können auch auf Götzen verzichten: auf Menschen und Dinge und Verhältnisse, von denen sie ihr ganzes Heil erwarten. Dies tun wäre Götzendienst: „Ihr könnt nicht Gottes und des Mammon Knechte sein“ (Mt 6,24). – Götzen sind zudem immer „nichtig“, d.h. sie leisten nicht, was sie versprechen; und Götzendienst ist immer auch anstrengend.

Der Jünger/die Jüngerin Jesu kennt Gott und weiß, dass dieser voll Leidenschaft für die Menschen ist.

Wer Christus nachfolgt und ihm vertraut, lebt in größerer Freiheit; und ist so mehr Mensch.

3.3. Wer Christus nachfolgt und ihm vertraut, handelt entschiedener und richtiger.

Eine Kritik an den Christen ist oft (z.B. von Karl Marx): sie legen die Hände in den Schoß und tun nichts für die Welt und die Menschen. Aber die Nachfolger Jesu, die sich recht verstehen, verhalten sich anders:

Sie wissen, dass der Eintritt ins „Reich Gottes“ abhängt von der Bewährung im „Reich der Menschen“. „Ich war hungrig, und ihr habt mir zu essen gegeben ...Kommt!“ (Mt 25). Die Nachfolge Jesu ruft die „Verantwortung“ auf.

Die Nachfolger Jesu wissen, dass jeder Mensch eine unantastbare Würde hat; und dass er deswegen nie zu einem Mittel degradiert werden darf.

Sie wissen auch, das Jesus klare Richtlinien und Weisungen für das Handeln gegeben hat. Der Weg Jesu ist der Weg zur „Humanität".
Die Jünger Jesu sind zum "Dienen" aufgefordert. Herrschen und Tyrannisieren dürfen sie nicht.

3.4. Wer Christus nachfolgt, lebt intensiver und mit größerem Ernst.
Wer Jesus vertraut, weiß um seine eigene Würde, er weiß, dass Gott an ihm größtes Interesse hat; und kann auch erahnen, was er nun schuldig ist. Er wird verstehen, dass er in Betroffenheit und sorgfältig leben muss. „Wenn ich Gott so viel wert bin, wenn er sich so viel hat kosten lassen …". Noblesse oblige (Adel verpflichtet).
Wer Christus nachfolgt und sich von ihm bestimmen lässt, lebt mit größerem Ernst.
Romano Guardini hat gesagt, durch Jesus sei eine „neuer Ernst" in die Welt gekommen. Das ist nicht ein „Todernst" – der Christ ist mehr als jeder andere zum „Leichtsinn" ermächtigt, der viele Dinge nicht so schwer und ernst nimmt. Der „Ernst" des Christen ist der Ernst, der das eigene Leben und die Geschichte der Menschen in ihrer Größe sieht und versteht und ihm mit Respekt begegnet.
Wer intensiv und mit Ernst lebt, ist mehr Mensch.

3.5. Wer Christus nachfolgt und ihm vertraut, hat mehr Hoffnung.
Hoffnung auf das Leben – gegen den Tod.
Er hat Hoffnung auf die „vollendete Gerechtigkeit": dass keines der „Opfer" vergessen wird; dass „der Mörder nicht über sein Opfer triumphiert" (Max Horkheimer).

Nelly Sachs hat diese Hoffnung so ins Wort gebracht:

„Alles Vergessenen gedenkst du von Ewigkeit her
Du gedenkst der Fußspur, die sich mit Tod füllte
bei dem Annahen des Häschers
Du gedenkst der bebenden Lippen des Kindes
als sie den Abschied von der Mutter erlernen mussten
Du gedenkst der Mutterhände, die ein Grab aushöhlten
für das an ihrer Brust Verhungerte
Du gedenkst der geistesverlorenen Worte
die eine Braut in die Luft hineinredete zu ihrem toten Bräutigam."

„Alles Vergessenen gedenkst du!" – Eine große Perspektive!.
Unsere Welt ist auf weite Strecken eine „Landschaft aus Schreien" (nochmals Nelly Sachs).
Aber in diese „Landschaft" hinein hat Jesus die Hoffnung gestellt.
Und: wer mehr Hoffnung hat, ist mehr Mensch.
„Die Welt wird dem gehören, der ihr die größere Hoffnung zu geben vermag" (Teilhard de Chardin).

4. „Wer Christus, dem vollkommenen Menschen, folgt, wird selbst mehr Mensch".
Sicher sind von Christen im Laufe der Geschichte auch schreckliche Unmenschlichkeiten vollbracht worden. Zum Teil mit Berufung auf Jesus. Aber Unmenschlichkeit kann sich nie auf Jesus berufen; wenn sie es tut, unterliegt sie einem gewaltigen Irrtum!
Wer Christus nachfolgt, wird mehr Mensch!

5. Eine wichtige Folgerung:

Wer Christus nicht folgt (weil er ihn nicht kennt, oder weil er ihn ablehnt), dem bleibt ein Teil seines Menschseins vorenthalten.
Folgerung für die Seelsorge: es ist notwendig, für Jesus das Wort zu ergreifen. Sie ist das dem Menschen schuldig. Sonst geht er einem Teil des Menschseins verlustig.

15. Über die Kirche staunen

Wenn wir in und mit der Kirche leben oder gar in kirchlichem Dienste stehen: was erwartet uns da, was müssen wir tun, worauf uns einstellen?

1. Die Kirche loben und auf sie stolz sein

Heute rümpfen viele die Nase über die Kirche und schimpfen über sie. Und dafür gibt es Grund genug.
Aber Grund genug gibt es auch, die Kirche zu loben und ein Lied auf sie zu singen.

Einige Tatsachen:

- Zur Kirche gehören nicht nur wir Menschen! Jesus Christus lebt und wirkt in ihr; und Jesu Geist hält sie am Leben und beseelt sie.
  Jesus geht mit der Kirche – (s. 1 Kor 10): er ist der Fels, der mit ihr mitwandert – in vielerlei Gestalten, besonders in den greifbaren Zeichen der Sakramente.
  Die Kirche ist immer jung: wir sind heute, im Jahr 2014, nicht weiter von Jesus, dem Ursprung der Kirche entfernt, als die Kirche von Jerusalem im Jahre 40 n.Chr.
  Der Geist Jesu hält die Kirche am Leben: die Kirche hat alle gegen sie geführten Vernichtungskampagnen überstanden, ja ist erneuert und verjüngt daraus hervorgegangen.
- Die Kirche hat all die Jahrhunderte ihrem Herrn die Treue gehalten. Zu jeder Zeit hat es in ihr – neben den „gewöhnlichen" Christen – großartige Frauen und Männer gegeben, die mit Leidenschaft für Je-

sus gelebt und aus seinem Geist ihren Mitmenschen gedient haben: die Märtyrer, die „Kirchenlehrer", die Heiligen jeder Art (manche von ihnen sehr unscheinbar). Sie sind die „Säulen" der Kirche. Wir bewundern sie und dürfen stolz auf sie sein!

- Die Kirche hat, angestiftet durch Jesu Geist, viel beigetragen zur Humanität in der Welt. Die heute viel gerühmten Menschenrechte sind christlichen Ursprungs (wenngleich die Päpste im vergangenen Jahrhundert das nicht erkannt und die Erklärung der Menschenrechte verurteilt haben! Erst Vaticanum II und Papst Johannes Paul II. haben sie voll bejaht).

Vielleicht sagt hier jemand: Ja, das war die Kirche in früheren Zeiten: groß und schön! Aber die Kirche heute!

Auch die Kirche von heute ist schön und gut, sie hat ihre Vorzüge und kann sich sehen lassen! Sie hat ihre Schwächen und Defizite, aber sie hat auch ihre Stärken!

Einige Tatsachen:

- Jesus steht heute beherrschend im Bewusstsein vieler Christen – so war das früher nicht!
- Die Heiligen Schriften werden von vielen Christen geschätzt und gelesen (in der katholischen Kirche mehr als bei den evangelischen Christen – so die Aussage einiger evangelischer Kirchenführer).
- In der Kirche gibt es in unserer Zeit viele „Mitarbeiter", die Mitverantwortung tragen.
- Der Einsatz der Kirche im sozial-karitativen Bereich ist groß (Caritas)

Wenn wir diese Tatsachen sehen und zur Kenntnis nehmen, können wir uns über unsere Kirche nur freuen und ihr Lob singen!

Für Kardinal John Henry Newman war die Kirche der unübersehbare Beweis für die Kraft und die Herrlichkeit des Herrn.

2. An der Kirche leiden

In der Kirche gibt es allerdings nicht nur das Große und Schöne, das Heilige und Göttliche; in ihr gibt es auch das Menschliche und Allzu-Menschliche, das Erbärmliche und Grauenhafte (Vaticanum II formulierte vorsichtig: in der Kirche gibt es auch „Sünder").
Wir heute wissen viel davon zu erzählen, wir werden durch die Medien bestens darüber informiert, und kennen manches aus eigener Erfahrung.

Das ist allerdings nicht eine Verfallserscheinung der Kirche in unserer Zeit! Die Verkommenheit der Kirche gibt es durch die ganze Geschichte der Kirche, von ihrem Anfang an! Davon sprechen schon die Korintherbriefe des Paulus! In der Kirche von Korinth, wo vieles so schön und groß war, gab es Streitigkeiten und Parteiungen, sexuelle Vergehen, mangelhaften Glauben (an die Auferstehung), Missstände bei der Feier der Eucharistie, Infragestellung der Autorität des Paulus – manches in 1 Kor nimmt sich aus wie ein Bericht über eine Gemeinde von Innsbruck oder München im Jahre 2014!
Im Laufe der Jahrhunderte sind durch die Kirche und im Namen der Kirche schreckliche Gräuel verübt worden.
Und auch mit dem Blick auf die Kirche in unserer Zeit müssen wir bekennen, dass es in ihr Unrecht gibt, Skandale, Defizite in großem Ausmaß.

Wie können wir mit den Missständen in der Kirche leben? Was können und sollen wir tun?

- An der Kirche Kritik üben, wo es notwendig ist: an der richtigen Stelle, zur richtigen Zeit (Kultur der Kritik).
  Manche meinen, die Kirche dürfe man nicht kritisieren. Aber wir dürfen und müssen es! Viele Heilige waren große Kritiker der Kirche. Um nur einige zu nennen: Hildegard von Bingen, Caterina von Siena, Klemens M. Hofbauer ...
  Auch wir dürfen und müssen manchmal sagen: So kann unsere Kirche nicht sein, so darf es in ihr nicht weitergehen!
- Angesichts der Missstände und Mängel in der Kirche nicht fanatisch werden!
  Übertriebene Reaktionen hat es in der Geschichte wiederholt gegeben – sehr zum Schaden der Sache.
  Jesus selber hat zur Langsamkeit aufgefordert: siehe seine für viele skandalöse Geschichte vom Unkraut unter dem Weizen: Lasst beides wachsen, den Weizen und das Unkraut, sie werden am Ende vom Herrn der Kirche getrennt werden. – Übrigens: der größte „Kirchenkritiker“ ist Jesus selber, ihr Herr!

Es ist nicht leicht, mit den Mängeln der Kirche zu leben. – Aber so ist sie nun einmal, unsere Kirche: jung und schön, und zugleich verkommen und elend: eine casta meretrix (keusche Dirne) ist sie, haben die alten Kirchenlehrer gesagt:
Bitterer Nachsatz: wir – jeder, jede von uns – leisten zu beiden Seiten der Kirche unseren Beitrag!

3. An die Kirche Wünsche haben

Wir dürfen an unsere Kirche Wünsche haben und Erwartungen an sie stellen. Und müssen dazu beitragen, dass sie so wird, wie wir sie uns wünschen.

Einige Wünsche sollen wir allerdings nicht haben; z.B. dass es ein durchgehend „katholisches Österreich“ oder ein „heiliges Land Tirol“ geben soll! Solche Wünsche sind unrealistisch. Der Hauptgrund dafür liegt bei Jesus selber: er ist nicht der Mann für jedermann, jedefrau. Zeit seines Lebens ist es ihm nicht gelungen, alle von sich zu überzeugen, wie sollte es uns dann gelingen!

Aber einige „gute“ Wünsche dürfen und müssen wir für unsere Kirche haben:

- Dass sie ihrem Namen Ehre mache: „Kirche“ heißt: dem Herrn gehörig. Sie muss ihn respektieren, sich an ihm orientieren, sich für ihn einsetzen – die Kirche ist nicht für sich selber da, sondern für Jesus Christus, für die Verkündigung des Evangeliums.
- Dass in der Kirche Ordnungen und Strukturen geschaffen werden, die ihrem Geist entsprechen. Beispiele: Stellung der Frauen in der Kirche – wir sind weit hinter Gal. 3 zurück! Oder Vorgehen bei der Bestellung von Bischöfen und die Weihe von Priestern.
- Dass der Kirche Propheten und Heilige geschenkt werden. – „Heilige“, das sind Menschen, die um Jesu willen den Verstand verloren haben. „Propheten“ sind Menschen, die uns aufschrecken aus unserer braven Lebensführung und uns zurufen: „dort brennt es!“ – Zu wünschen ist der Kirche auch eine große Zahl von Ordensleuten: sie braucht diese „Narren“.

- Dass sie ihrem „Weltauftrag" gerecht werde, d.h. daran arbeite, dass das Reich Gottes komme: Verhältnisse, in denen Menschen menschenwürdig leben können. Die Kirche darf nicht dulden, dass Menschen unterdrückt werden, Hunger leiden und hungers sterben, dass Menschen vertrieben, gefoltert, getötet werden. In all diese Belange muss sich die Kirche einmischen und sich schmutzige Hände machen.
- Dass die Kirche „katholisch" werde, universal. Zurzeit ist sie nicht einmal europäisch, sondern „römisch"! – Die vielen großen Kulturen der Welt müssen in die Kirche Eingang finden: in ihre Gebete und ihre Liturgie, in ihre Theologie, in ihr Erscheinungsbild.

Das und manches andere wünschen wir der Kirche. Und sind gefordert zu tun, was wir können, dass unsere Wünsche Wirklichkeit werden.

4. Für die Kirche hoffen

Zyniker werden sagen: An einer Kirche, wie du sie ja selber gerade geschildert hast, kannst du nur verzweifeln! Was willst Du denn da für sie hoffen? – Die Zyniker und Pessimisten in Ehren, aber sie sind beschränkt.

Wir dürfen zumindest zwei große Hoffnungen für die Kirche haben:

- Dass sie nicht zugrunde geht. Der Herr selber hat sich dafür verbürgt. – Das hat zur Folge, dass wir (die PGR etc.) uns nicht zu viel Sorge um sie machen müssen. Das entlastet uns: nicht wir tragen die Kirche, der Herr trägt und hält sie.

- Dass aus der Kirche noch einmal etwas Rechtes wird. – Auch das wird der Herr selber bewerkstelligen, das ist Chefsache! Er wird die Kirche in seiner Welt schön machen: zu einer strahlenden Braut, die das Herz ihres Bräutigams höher schlagen lässt, und die nur noch Augen haben wird für ihn, den Herrlichen. – Der Herr wird dieses Wunder vollbringen.

Die Kirche ist kein „hoffnungsloser Fall“, über ihr steht groß die Hoffnung!

Wir dürfen uns freuen, dass wir zu dieser Kirche gehören und für sie arbeiten können. Es ist eine schöne Sache.

Printed by Books on Demand GmbH, Norderstedt / Germany